고2
학습
완전정복

북오션은 책에 관한 아이디어와 원고를 설레는 마음으로 기다리고 있습니다. 책으로 만들고 싶은 아이디어가 있으신 분은 이메일(bookrose@naver.com)로 간단한 개요와 취지, 연락처 등을 보내주세요. 머뭇거리지 말고 문을 두드리세요. 길이 열릴 것입니다.

고2
학습
완전정복

초판 1쇄 발행 | 2013년 1월 5일
초판 4쇄 발행 | 2015년 1월 15일

지은이 | 이병훈
펴낸이 | 박영욱
펴낸곳 | (주)북오션

경영총괄 | 정희숙
편   집 | 지태진
마케팅 | 최석진 · 김태훈
표지 및 본문 디자인 | 서정희
법률자문 | 법무법인 광평 대표 변호사 안성용(02-525-3001)

주   소 | 서울시 마포구 서교동 468-2
이메일 | bookrose@naver.com
페이스북 | bookocean
전   화 | 편집문의: 02-325-9172   영업문의: 02-322-6709
팩   스 | 02-3143-3964

출판신고번호 | 제313-2007-000197호

ISBN 978-89-6799-002-2 (43370)

「이 도서의 국립중앙도서관 출판예정도서목록(CIP)은 서지정보유통지원시스템 홈페이지(http://seoji.nl.go.kr)와 국가자료공동목록시스템(http://www.nl.go.kr/kolisnet) 에서 이용하실 수 있습니다. (CIP제어번호: 2012005730)」

고2
학습
완전정복

이병훈 지음

북오션

공부를 잘하려면 엄마의 정보력, 아빠의 무관심, 할아버지의 경제력, 동생의 희생, 도우미 아줌마의 충성심, 본인의 체력이 중요하다는 우스갯소리가 있다. 그런가 하면 최근에는 엄마의 잘못된 정보력이 입시 결과를 망친다는 둥, 아빠가 나서는 것이 오히려 자녀 교육에 좋다는 둥의 반대되는 얘기들도 나온다. 다들 본인의 이해관계에 맞춰 정보를 왜곡하고 아전인수 격으로 유리한 정보만 재구성해서 말하는 형국이다. 영어 학원에 가면 니트가 대세라 하고, 수학 학원에 가면 곧 죽어도 수학이 최고 중요하다고 한다. 인강 업체는 수능이 최고라 하고, 논구술 업체는 물수능에 절대내신이면 논구술뿐이라며 성적이 30% 안에도 들지 않는 아이들까지 논구술 학원에 다니라며 선전한다. 컨설팅 업체는 스펙 관리와 입시 컨설팅을 받아야만 좋은 대학에 갈 수 있다고 엄포를 놓는다. 심지어 목동의 아줌마들 사이에서는 고등학교 1학년 때 특목고나 자사고에 입학시켜서 공부를 열심히 하게 만든 다음, 고등학교 2학년이 되면 일반 학교로 전학시켜 내신을 올려 좋은 대학에 입학시키는 전략이 유행한다는 확인되지 않은 소문도 무성하다.

도대체 누구 말이 맞는지 판단하기조차 어렵다. 정보는 홍수처럼 쏟아지지만 검증이 되었는지 알 길이 없다. 그렇다고 마땅히 다른 대안도 없다 보니 학부모와 학생들은 이리저리 휘둘리면서 피해를 고스란히 떠안고 있다.

이런 상황에서 대학의 서열화는 사람들의 바람과는 정반대로 점차 더 심해져서 입시 컨설팅 계에서는 다음과 같은 말이 통용된다. '스카이서성한중경외시건동홍' 굳이 설명하지 않아도 무슨 뜻인지 학생과 학부모라면 알 것이다. 2011년에 서울시교육청에서 조사한 사교육 증가 원인 1, 2, 3위는 취업에서 출신 대학에 따른 불이익, 특목고와 대학 등에서 점수 위주의 선발 방식, 대학의 서열화 등으로 조사된다. 이처럼 정보의 홍수 속에서 어느 대학 무슨 과를 가야 할지도 머리가 아픈 판에, 거기에 서열화까지 심화되고 있으니 학생과 학부모는 학원이나 과외의 도움 없이는 공부를 잘하기 힘들 것이라는 막연한 불안감에 휩싸인다.

중학교 내내 학원에 휘둘리며 근근이 공부해 온 자녀들은 이제 좋은 대학을 가느냐 마느냐를 가르는 진검승부라 할 수 있는 고등학교 공부를 시작한다. 1학년 때 고등학교 공부의 쓴맛을 본 아이들은

2학년이 되면 비로소 제대로 공부를 해볼 만한 상황이 된다. 그런데 익숙해진 학교생활과 3학년이 아니라는 안도감으로 슬럼프에 빠지거나 매너리즘을 겪게 된다. 그러나 그것을 아는가? 서울 소재의 대학에 들어가는 것만도 얼마나 낮은 확률인지. 현재 서울에 있는 대학에 가려면 문과 학생의 경우 상위 10%, 이과 학생의 경우 상위 15%, 합쳐서 상위 12% 안에 들어야 한다. 이것은 바꿔 말하면 반에서 3~4등 안에 들지 못하면 곧바로 지방에 있는 대학을 다녀야 한다는 뜻이다. 지하철을 타고 학교를 다니느냐 KTX를 타고 학교를 다니느냐의 차이다. 서열화가 심화되고 있는 현실에서 인서울(in seoul)하는 것조차도 호락호락하지 않거니와 막상 고3 졸업식이 되면 누구는 영광스런 합격을, 누구는 졸업식에 가고 싶지조차 않은 실패를 경험할 줄은 생각도 못한다. 그게 바로 고2다. 당장에 목전에 다가올 절체절명의 순간을 애써 외면하는 폭풍 전의 고요함 같은 시기.

그래서 이 책은 고2 학생들의 정신이 번쩍 들게 썼다. 조금은 마음을 아프게 찌르는 내용이 나올 수도 있다. 그러나 지금이라도 현실을 알고 변화하면 기회는 있다. 제대로 된 공부 방법, 그리고 고2를 알차게 보낼 수 있는 전략과 플랜을 제시할 것이다. 자기주도학습을 통해 학원에 휘둘리지 않고 자신의 페이스를 만들어 나가야 할 중요한 시기가 바로 고2다. 특히 고3의 범위 없는 시험이 시작되기 직전 당장을 위해서뿐만 아니라, 미래에 대한 준비로서의 공부를 터득해야 할 때다. 가끔 노력의 결과가 만족스럽지 않거나 성적이 정체되더라도 좌절하지 말자. 그동안에도 여러분의 고등학교 공부 기반은 형성되며 결정적 순간 그 저력이 폭발되기 위해서는 그야말로 마늘과 쑥만 먹고 준비하는 기간이 필요하다.

학창시절의 공부에는 세 번의 터닝 포인트가 있다. 중학교 입학 때, 고등학교 입학 때, 그리고 고3이 되기 전이다. 여러분은 이제 마지막 터닝 포인트 기회를 맞이했다. 고2를 어떻게 보내느냐가 결국 고3을 좌우하고 대학을 좌우한다. 전혀 새로운 상황의 공부를 하게 될 고3이 되기 전, 이 기회에 나를 변화시키고 그간의 시행착오 경험을 토대로 발전하기 위해 노력한다면 불가능은 없다. 여러분이 학창시절 공부의 마지막 터닝 포인트인 고2 시절에 이 책과 함께 완전히 승리하기를 기원한다.

끝으로 항상 학습법 집필과 연구에 큰 힘이 되어 주는 에듀플렉스와 곁에서 묵묵히 응원해 주는 아내와 귀염둥이 아들 서진이에게도 감사의 마음을 전한다.

Part 4 고3을 바라보는 과목별 수능 공부의 길

Part 5 고2의 1년 마스터플랜

Part **1**

고2 병을
예방하자

가장 유일한 사람은
가장 배움에 힘쓰는 사람이다.
– 괴테

10가지 시행착오를 경계하라

3Q의 원리

 공부를 잘하려면 3Q를 잘해야 한다. 바로 퀀티티 (quantity), 퀄리티(quality), 퀘스처닝(question-ing)이다.

자기 수준에 맞는 공부를 많이(Quantity)

공부하는 방법과 전략 확보(Quality)

공부한 내용을 스스로 평가(Questioning)

퀀티티는 공부량을 의미하는데 단순히 많이 한다가 아니라 나에게 맞는 수준과 내용의 공부를 많이 한다는 차원이다. 퀄리티는 공부

의 질을 의미하는데 제대로 된 전략과 방법이 탑재된 공부라야 성적이 오른다. 퀘스처닝은 스스로를 돌아보고 의문을 갖고 점검하면서 하는 공부를 의미한다. 진도만 나가려고 내용을 그냥 너그럽게 받아들이면 처음엔 빠르지만 나중에 다시 공부해야 해서 결국 더 느리다. 이러한 3Q 원리에 입각해서 고2 때 흔히 시행착오를 하는 10가지 유형을 알아보기로 하자.

1 학원 주도 학습으로 자기주도학습 면역력 제로인 경우
퀀티티_ 학원주도형

중학교 때부터 학원주도 공부에 길들여진 학생들은 고등학생이 되었다고 해서 갑자기 스스로 공부하게 되진 않는다. 학원에서 이끌어 주지 않으면 어떻게 공부를 시작해야 할지 판단하지 못한다. 학원에서 내주는 숙제만 처리하는 고2라면 자기주도학습 능력은 제로에 가깝다. 자기주도학습은 스스로 공부하는 것뿐만 아니라 교재, 강의, 전략, 방법 등을 주도적으로 선택할 수 있을 때 진짜라고 할 수 있다. 겉으로는 스스로 공부하는 듯이 보이지만 여전히 엄마주도학습이나 학원주도학습인 경우가 너무나 많다. 안 시켜도 공부하는 것만으로는 자기주도인지 알 수 없다. 모름지기 진정한 자기주도학습이라면 안 시켜도 공부하는 것은 기본이요, 공부에 관련된 여러 가지 판단의 주체도 본인이어야 한다. 고1 때 학원주도로는 더 이상 답이 없음을 깨달았다면 이제는 자기주도학습으로 고2를 공략해야 한다. 그래야만 공부에 필요한 퀀티티를 확보할 수 있다.

2 수업이 많아 자습시간이 부족한 셀프종합학원인 경우
퀀티티_ 셀프종합학원형

수업을 받는 것은 공부의 일종이지만 핵심이라고 보기는 어렵다. 공부의 핵심은 역시나 자습이다. 그러나 오프라인 학원이든 인터넷 강의든 수업받는 데만 열중하는 학생들이 은근히 많다. 특히 빠른 진도에 적응하지 못하고 수업만으로 그 부족을 메우려는 경우를 많이 본다. 그러나 자습 없이 수업만으로 성적이 오르는 학생은 없다. 특히 과목별로 수강할 강의를 조합해서 종합학원처럼 만드는 학생들이 있다. 좋은 강의가 범람하는 요즘엔 오히려 그것이 독이 된다.

고2가 되었다면 적어도 자습시간을 학기 중에는 4~5시간 정도 확보해야 한다. 방학 중에는 그 2배인 8~10시간 정도를 기준으로 삼아야 한다. 만약 자습시간을 이렇게 확보하는 것이 비현실적이라는 생각이 든다면 지금 당장 서울과학고(영재학교) 출신의 12학번 대학생 중에 단 한 명이라도 수소문해서 서울대 전원 합격(해외대 진학자 제외)의 비결을 물어보시라. 아마 학교 자율학습을 충실히 따랐다고 말할 테니까.

3 수준에 맞지 않게 너무 어려운 공부를 하는 경우
퀀티티_ 오버스펙형

가끔 자기 수준에 맞지 않는 공부로 고2를 날려 먹는 학생들이 있다. 나만 해도 학창시절을 생각해 보면 그런 오류에 쉽게 빠졌었다. 고1 시절 일반 기본서인《하이탑》시리즈로 과학 공부를 하고 있었다. 아무리 책을 들여다봐도 과학 점수는 제자리를 맴돌았다. 고2가 되면서 전격적으로 과학을 잘하는 친구들(각종 경시대회에서 순위권에 드는)이 보는 책을 따라 읽었다. 그 당시 이공계 대학생들이 기초교양 교재로 사용하는 일반물리 책이었다.《하이탑》은 그나마 고등학생이 접근할 수 있도록 배려한 반면, 일반물리 책은 대학생을 대상으로 쓴 책이어서인지 도무지 이해가 되지 않았다. 경시에서 입상하는 친구들에겐 무리가 없지만 나에겐 오버스펙이었던 것이다. 결국 고2 내내 어려운 책만 읽다가 과학 점수, 특히 물리 점수는 끝을 모르고 추락해 버렸다.

고3 때 공부 잘하는 친구들에게 그 이유를 물어보고서야 비로소 깨달았다. 무슨 책을 보느냐의 문제가 아니라 내 공부법이 문제였다는 것을. 그 친구들이 물리를 공부하는 방식은 나와 달랐다. 기본적인 개념을 이해하는 데 공을 들일 뿐만 아니라 문제에 대한 집요한 풀이와 적용에 남다른 노력을 기울였다. 그리고 그 근본에는 수학적 개념의 숙지가 자리 잡고 있었다. 나는 수학적인 개념조차 명확하지 않은 상태에서 일반물리 책의 공식만 외워서 문제를 풀다가 포기하는 식이었다. 그러니 같은 책을 보고도 실력은 차이가 날 수밖에.

4 개념은 내팽개치고 문제만 푸는 경우
퀄리티_ 문제달달형

문제달달 방식은 중학교 전반에는 효과적이다가 고1부터 막히기 시작한다. 그러나 1년 정도의 시행착오로는 문제점을 자각하지 못한 고2들은 계속해서 문제풀이에 몰두한다. 장담컨대 개념을 내팽개친 고등학교 공부는 절대 성공하지 못한다. 이런 경우 문제를 풀어도 성과가 없으면 더 많은 문제를 풀어야 한다고 믿고 더욱 상황을 악화시킨다. 그런 학생들을 만나면 바로 몇 가지 질문을 던져 깨달음을 준다. 본인이 아주 쉬운 수학 개념조차 설명하지 못한다는 것을 알게 되면 학생들은 공부하는 자세를 바꾼다. 이 간단한 과정조차 그 누구도 설명해 주지 않은 모양이다.

고작 고1 초반에 나오는 나머지정리라는 개념도 전국의 수많은 고등학교를 돌면서 강의 중에 물어보면 설명할 수 있는 학생이 거의 없다. 8년 동안 딱 한 번 만났는데 완도에 있는 모 고등학교 3학년 학생이었다. 그 외에는 한 번도 없었다. 그만큼 수학공부에 있어서 개념의 중요성이 간과되는 현실이다. 고2부터는 제발 그동안의 시행착오를 끝내고 개념 이해부터 출발하는 공부를 하자.

5 고1에 대한 아쉬움으로 거시적 계획 없이 초반러쉬열폭
퀄리티_ 초반러쉬열폭형

고1 때 원하는 만큼 성적이 나오지 않자 고2 때는 독하게 마음먹고 초반부터 달리는 학생들이 있다. 거시적인 계획이나 자기반성 없이 무작정 공부에 올인하다가 1학기 중간고사가 끝나고 제풀에 나가 떨어진다. 이런 초반열폭 스타일의 시행착오도 심심치 않게 많은 학생들에게서 발견된다.

열심히 하는 것은 좋지만 초반에 힘을 다 써버리면 금방 지쳐서 포기하기 쉽다. 또한 자기반성 없이 그냥 덤비면 공부는 도망가는 성질이 있다. 내가 어디가 부족한지, 뭐가 약한지 끊임없이 고민하고 개선하려고 애써야만 변화가 가능하다. 특히 고등학교 공부는 장기전이다. 마지막 진검승부인 수능에서 좋은 점수를 내는 것이 목표이므로 당장 모든 에너지를 써버리면 완급조절에서 실패한다. 힘을 길게 나눠 쓸 줄 아는 것도 공부의 중요한 한 부분이라 하겠다.

6 모의고사에 맞춰 공부하다가 자기 페이스가 말리는 경우

퀄리티_ **모의고사달달형**

고등학생이라면 그 누가 모의고사 점수에 의연할 수 있겠는가. 모의고사 점수에 일희일비하는 것도 어찌 보면 고등학교 생활의 한 장면에 불과할 텐데 막상 당사자가 되면 꽤나 심각해지는 문제다. 고2쯤 되면 이제 슬슬 모의고사 점수가 신경 쓰인다. 전국 단위의 평가이므로 곧 나의 현주소를 보여 주는 점수이고 대학 결정의 기준이 되는 점수이기에 모의고사 점수를 무시할 수는 없을 것이다. 그러나 그럴수록 조금은 대범해질 것을 주문한다. 모의고사는 어디까지나 모의고사일 뿐 거기에 맞춰서 공부하는 것은 내 페이스를 잃고 엉뚱한 곳에 페이스를 맞추는 꼴이다.

고등학교 공부도 마라톤처럼 페이스 조절이 매우 중요하다. 나만의 페이스를 만들어서 달리지 않고, 다른 사람들의 페이스에 신경을 쓰면서 달리면 결국 무너지고 만다는 보편적이고 상식적인 진리가 너무도 잘 적용되는 것이 바로 고등학교 공부다. 특히 고2 때는 고1과 달리 모의고사가 점점 마음을 조여 온다. 그러나 모의고사는 내 실력을 점검하고 실전에 쓸 전략을 연습하는 용도로 쓰는 것이 좋다. 그것이 본래 모의고사의 용도이기도 하다.

7 전략 없이 막무가내로 공부량만 많은 경우

퀄리티_ **돌탱크형**

공부량의 확보가 중요하긴 하지만 양만 많아서는 문제가 해결되지 않는다. 방학 때 하루 13시간을 공부하고도 성적이 오르지 않는 경험을 해봤다면 이 말이 절절하게 다가올 것이다. 공부 잘하는 친구들의 공부법을 배우고 물어보고 모방해 보자. 공부법 책을 읽어도 좋고 강의를 들어도 좋다. 무식하게 공부량으로만 승부하기보다 훨씬 효과가 있을 것이다. 특히 고2 시절은 고1과 고3을 연결하는 매우 중요한 순간이다. 고1의 시행착오를 바탕으로 고2 때 전략을 수정하고 방법을 개선해야만 고3으로 자연스럽게 연결되면서 성적이 오른다. 고2 때 이런 전략 수정과 방법 개선 없이 고3이 되면 평소만큼 공부해도 성적이 떨어지고, 그보다 더 공부해도 성적을 유지하기에 급급할 것이다. 양은 물론 질도 고려해야 할 때가 되었다. 고2라면 말이다.

8 취약점을 극복하지 않고 처음부터 새출발 공부하는 경우

퀘스처닝_ **새마음 새출발형**

약한 부분을 찾지 않고 그냥 처음부터 다시라는 정신으로 공부하는 고2도 있다. 물론 새마음으로 공부하는 것은 좋다. 그러나 이런 식이라면 또 실패를 반복할 확률만 높다. 내가 어떤 과목이 약한지

그 과목이 약한 이유는 무엇인지 분석하자. 잘하는 것에 시간을 중복 투자하기보다는 못하는 것을 찾아 구멍을 막아야 시간을 절약할 수 있다. 고등학교 3년 동안의 공부는 앞선 시행착오를 발판으로 변화와 성장을 통해 진화하는 것이다. 과거 전체를 부정하고 새롭게 시작하기에는 주어진 시간이 넉넉하지 않다.

9 자기가 뭘 알고 뭘 모르는지를 모르는 경우
퀘스처닝_ 오리무중형

보통 학생들은 공부하고 나서 그것을 제대로 익혔는지 결과를 스스로 점검하지 않는다. 그냥 다 안다고 믿어 버리는 편이 손쉽다. 답을 보고 푼 수학 문제를 과연 그날 자기 전에 하나라도 다시 풀어봤는가. 다 외웠다고 믿는 영어 단어를 지금 다시 보면 몇 개나 맞힐 수 있는지 확인하는가. 공부는 끊임없이 나를 의심하고 반복하고 다져가는 과정이다. 특히 내가 뭘 알고 뭘 모르는지를 알아야만 부족한 부분을 보충하고 성장할 수 있다. 하위권일수록 내가 뭘 모르는지도 모르는 오리무중 상태일 수 있다. 상위권은 이런 노력을 열심히 해서 항상 더 공부하고 싶고 공부할 시간이 부족해서 아쉬워한다. 메타인지능력이라고도 불리는 이런 능력은 내가 아는지를 아는 것을 말한다. 아는지를 알고, 아는 것은 꺼내서 표현까지 할 수 있는 종류의 지식이라야 진짜 내 지식이며 실전에서 사용할 수 있다. 안다는 느낌만으로 하루하루 나 자신을 쉽게 믿어 버리지 말고, 조금의 시간이라도 투자해서 자신을 돌아보며 스스로에게 묻는다면 여러분의 고2 생활은 완전히 바뀔 것이다.

10 진도에 치여 묻지도 따지지도 않고 무조건 받아들이는 경우
퀘스처닝_ **대인의 풍모형**

고2가 되면 고1 때보다 빨라진 진도에 헉헉대기 일쑤다. 그러다 보면 일상의 공부에 치여 어느새 웬만한 내용들은 그냥 고민해 보지도 않고 받아들이기 쉽다. 마치 당연하다는 듯이 말이다. 그야말로 대인의 풍모라 하겠다. 물론 하루하루의 공부에서 어떻게 모든 내용을 일일이 따져 보고 고민하면서 공부할 수 있겠는가. 하지만 적어도 수학이나 과학, 사회 계열의 과목들만큼은 그러지 말아야 한다. 왜 이렇게 되는지, 이게 무슨 뜻인지, 앞서 배운 내용과 어떤 관련이 있는지, 용어나 어휘의 의미부터 큰 개념의 이해 및 탐구에 이르기까지 고민하노라면 시간은 더 들지라도 나중에 편해진다. 고1 때는 아직 배움이 미천해서 그런 고민을 할 기반이 부족할 수 있고 고3 때는 실전 적응만으로도 정신이 없다. 고2 때가 아니고서는 할 수 없을 뿐만 아니라 고2 때만 제대로 하면 더 이상 할 필요도 없다. 스스로에게 물어보자. 내가 너무 쉽게 받아들이고 있진 않은지.

긴장 없어 현상

고2 때 반드시 극복해야 할 마음가짐

새내기도 아니고, 입시를 목전에 두지도 않은 나른한 고2. 그래서 고2가 되면 감기처럼 치르는 긴장감 급락 현상이 있다. 익숙해진 친구도 선생님도 긴장이 느껴지지 않는다. 고교생활도 별다를 게 없다는 생각이 들고, 고등학교에 가면 정말 24시간 공부만 하는 줄 알았는데 나름대로 살 만하다는 여유가 찾아온다. 성적이 오르건 안 오르건 괜찮고, 나와 성적이 분리되는 느낌도 든다. 나는 남과 다르다는 허세를 부리는 중2병을 비판할 정신적 여유마저 생기니 고2병이라 불릴 만하다. 긴장한 고1이 그런 사치를 부리지 못하며, 고3이 최신의 여유만만 입시준비전략을 세웠거나 입시를 포기하지 않는 한 불가능한 이런 정서적 공중부양 상태가 바로 고2다.

고1 때는 고등학교 공부가 뭔지도 모른 채 '잘해야 한다' 식의 외적 동기에 의해 무의식적으로 몸이 움직인다. 고등학생이 됐으니 '대학 잘 가야지' 수준의 미천한 의무감이 더 컸다고 봐야 할 것이다. 그 와중에 시련과 기쁨을 느끼고, 해도 안 되는 경험들과 해보니 잘되는 경험들이 뒤죽박죽인 고1 생활은 이전에는 미처 느껴 보지 못한 무질서의 연속일 것이다. 그러나 고2는 그런 유치한 무질서 상태를 벗어난 반면 전쟁터라 할 고3도 아니므로 유일하게 남겨진 마지막 DMZ 같은 곳이다. 극도의 긴장 속에 위치한 극도의 평화 상태. 그리고 몽롱한 일상의 반복. 긴장감 제로.

이런 여유 상태가 오래갈수록 고3의 전쟁은 불리해진다. 특히 고2 말로 갈수록 막연한 불안감 때문에 닥치는 대로 공부할 위험이 도사리고 있다. 앞뒤 가리지 않고 돌탱크처럼 무식하게 공부하다가 성과 없이 기진맥진한다. 공부에 집중이 되지 않는 경우든 성적이 마음처럼 움직이지 않는 경우든 그 이유를 분석하고 계획을 수립하고 전략을 짜고 방법을 바꿔나가야 변화가 찾아온다. 아마 보통은 공부를 아주 그냥 많이 하는 쪽에 훨씬 가까울 것이다. 그래서는 변화가 미미하다.

고2 때는 친구들에 대한 의존적인 심리가 중학교 이후로 다시 찾아오는 특징이 있다. 사춘기 시절 내 마음을 이해해 주는 건 친구뿐이라는 의존 심리는 고교식 공부와 생소한 환경에 밀려 잠시 벗어나 있다가 고2 때 또 찾아온다. 공부를 실제로 하지는 않고 친구와 '공부해야 한다'는 고민만 한참 떠들다가 허탈한 마음에 자리에 앉아 봐도 왜 이런 공부를 해야 하는지 답답함과 거부감만 잔뜩 든다. 긴장하락이 빚어낸 결과이자 이런 심리가 더욱 긴장하락을 유도한다. 그런데 재미있는 것은 KEDI한국교육개발원의 자료를 보면 친구를 많이 만나고 여가선용을 하는 학생일수록 성적이 낮다고 나온다. 즉, 친구가 내 문제를 해결해 주지는 못한다는 뜻이다.

공부를 할 때 긴장감은 대뇌 활성화와 의식의 집중화가 가능하도록 도와준다. 주의 집중은 이런 긴장감을 먹고 자란다. 집중이 되지 않는다는 것은 긴장되지 않는다, 즉 머리가 활성화되지 않는다는 의미이고, 결국에는 공부 효율과 효과 저해의 출발점이 된다. 하지만 과도한 긴장과 혼동하지는 말자.

결국 고2 시절의 '긴장 없어 현상'은 대충 넘길 일이 아니다. 스스로를 고1 때로 돌려보내거나 가상의 고3을 만들 수도 없는 노릇이므로 적어도 지금이 최고의 기회임을 인식해 보자. 역설적이게도 고2가 역전의 가장 좋은 찬스이기도 하다.

대다수의 친구들이 멍하니 사치스런 심리적 여유나 방황 따위를 할 때 내가 노력하면 그만큼 상대적으로 변화는 클 수밖에 없다. 다들 열심히 할 때 나도 열심히 하는 정도라면 역전할 수 없다. 경쟁이 경쟁력을 가져다준다는 식의 사고에서 이제 막 벗어나려고 몸부림치는 한국의 학교 문화이지만 여전히 긴장된 경쟁의식은 높은 성과와 직결될 수밖에 없다.

이제 멍하게 고민하며 근심 걱정에 싸여 있지 말고 바짝 긴장해 보자. 고1 때의 신선함으로, 혹은 경험해 보지 않은 고3의 극한 상황으로 자신을 가정하자. 이번 1년이 여러분의 고등학교 생활에서 더 없는 기회일 테니.

학원 맹신 현상

학습의 주도권 잡기

고1 때 이젠 중학교 때와 달리 스스로 공부해 보자는 일념으로 이렇게 저렇게 도전을 해봤다. 막상 혼자 하려니까 어떻게 계획을 세워야 할지부터 무슨 책으로 얼마만큼씩 어떻게 공부해야 할지도 모르겠다. 한마디로 뭘 어떻게 해야 할지 모르겠다. 심지어 하루에 몇 과목을 공부하는 게 좋은지부터 한 과목당 몇 권의 책을 반복하는 게 좋은지, 한 권만 보는 게 좋은지도 스스로 결정하지 못한다. 혼자서 결정할 수 있는 게 아무것도 없는 상태, 이것이 요새 학원 중독에 걸린 아이들이 어쭙잖게 자기주도학습을 하겠다며 처음 시작할 때 보이는 면역력 제로 상태 모습이다.

스스로 결정하고 도전하고 노력하고 해결하려는 '시도'의 수준이 초등학교 이후 전혀 발전되지 않은 상태이다. 그런 상태를 인정하고 변화시키려고 애쓰면서 결정하는 법을 스스로 익혔어야 했다. 그러나 시키는 대로만 공부해 온 아이들이 고등학생이 되었다고 해서 그런 능력이 갑자기 하늘에서 뚝 떨어지지 않는다.

고1 때의 시련을 토대로 내리는 결정은 안타깝게도 학원으로의 복귀다. '역시 나는 안되는 애야'라는 수긍은 공부는 역시 학원에 가서 배워야 한다는 어찌 보면 매 맞는 아내 증후군과 다를 바 없는 결정을 하게 한다. 학원에 안 가면 불안하다. 군대 가서 하도 맞아서 안 맞고 자리에 누우면 잠이 안 온다는 군대 간 삼촌의 이야기와 뭐가 다른가. 그런데도 아이들은 학원에서 내주는 숙제만 처리하는 자신을 바라보면서 심리적 안도를 느낀다. 숙제 이외에는 아무것도 혼자 결정해서 하지 않는 초등학생과 똑같은 상태를 고2 때도 반복하고자 한다면 정말 답은 없다.

장담한다. 고2까지는 학원에서 말하는 대로만 공부해도 어느 정도의 효과를 볼 수 있다. 솔직히 고2 때 학원 효과를 보는 것도 사실 대단한 일이다. 그러나 고3 때는 분명히 눈물 나는 성적하락이 찾아올 것이다. 학원에는 학원 강의를 듣지 않으면 공부를 하기 어렵게 만드는 속성이 있다. 그래야 학원을 오랫동안 끊지 않고 다닐 테니까. 그것이 바로 학원교재의 특징 즉, 문제만 잔뜩 있는 수학·과학 교재 혹은 영어 단어와 한글 뜻만 잔뜩 있는 단어집의 비밀이다. 설명이 찬찬히 잘 되어 있지 않은데 그건 학원 와서 들으라는 의미이다. 이런 식의 교재로 공부하면 그나마 진도가 있는 시험을 보는 동안에는 효과가 있다. 그러나 범위가 사라진 시험에서는 도저히 힘을 발휘할 수가 없다.

학원을 다니느냐의 여부가 공부에 결정적이지는 않다. 학원을 다니고 잘하는 사람도 있고 안 다니고 잘하는 사람도 있다. 만약 학원 강의를 수강한다면 적어도 그 필요와 목적을 분명히 알고 있어야 한다. 뭘 배울지 모르겠지만 성적이 마음 같지 않으니 일단 다니고 보자는 식의 결정은 아무런 도움이 되지 않는다. 설사 그것이 고2여서 마음이 급하다고 해도 마찬가지다.

급할수록 돌아가라는 말처럼 당장 학원에 의존하면 마음은 편하겠지만, 그럴수록 스스로 공부해 보고 시행착오를 겪은 후에 결정 능력과 공부 능력을 키우려고 노력해야 한다. 그래야 고3 때 주도적으로 계획하고 실천할 수 있다. 고2라는 시점이 고1 때의 시행착오를 토대로 자신을 변화시켜 고3을 준비하는 시점이라는 것을 상기하면 더더욱 마지막 기회다.

실제로 상담을 해보면 성적에 별 도움이 안 되는 학원을 다니거나 과외 수업을 받고 있는 학생들의 경우 학원이나 과외를 줄여도 크게 성적의 변화가 생기지 않는다. 부모님이나 본인의 심리적인 불안감은 굉장히 큰데도 불구하고 성적이 크게 떨어지지 않는 것은 너무나도 단순한 이유에서다. 학원이나 과외 수업이 도움이 되지 않았고 숙제 처리에만 급급했으며 불안감에서 다닌 결과였다는 사실이다. 고2가 되었다면 이제 스스로 자기를 돌아보고 내게 필요한지, 도움이 되는지 냉정하게 판단하자. 그것이 고2에 다시 학원으로 돌아가는 병을 막아 줄뿐더러 성적 향상으로 가는 길이 될 것이다.

참고로 학원에서 사용하는 학생 묶어 두기 전략을 소개한다.

불안감을 자극해서 등록시킨다

소위 불안감 마케팅이라고 한다. 불안감 조성이 학원 설명회의 주목적이다. 불안해서 당장 등록해야만 할 것 같은 느낌을 주기 위해 엄청난 노력을 하는 것이 바로 학원 설명회다. 물론 이미 다니고 있는 학생들의 학부모들에게는 반대로 안심마케팅을 한다. 학원이 어떤 노력을 하는지 어떤 성과를 냈는지 자랑하는 간담회를 개최한다. 안심하고 계속 다니라는 뜻이다. 이런 간담회를 많이 할수록 실력보다는 고객관리로 승부를 보겠다는 의미로 해석된다.

레벨 테스트로 경쟁심을 자극한다

공신력 있는 검증을 받았는지도 확실치 않은 이른바 레벨 테스트로 학생들의 레벨 올리기 경쟁을 유도해서 학원에 계속 다니게 한다는 전략이다. 어떤 동네에서는 특정 학원 레벨 테스트 결과로 학생과 엄마의 수준이 결정되는 웃지 못할 일이 벌어진다. 학원의 전형적인 수법이다. 레벨 테스트로 반을 나누는 데만 쓰는 게 아니라 결과 분석과 컨설팅, 그리고 보완대책을 제시하는 학원이라면 제대로다.

잘하는 애들 위주로 키워 줘서 자극한다

학원 입장에서 모든 아이들을 다 성공시킬 수는 없다. 그러므로 전략적으로 잘하는 애들 위주로 성공시킬 수밖에 없다. 나머지 애들은 알아서 따라온다는 식의 논리다. 결국 잘하는 애들 빼고는 들러리 서포터즈로 전락시키는 것이 바로 학원의 전략이다. 그리고 잘하는 애들은 학원 탓, 못하는 애들은 애들 탓이라는 기괴한 논리로 학부모를 묶어 둔다. 그러니 특정 지역의 학원들이 특목고에 합격시켰다고 주장하는 애들 숫자를 합치면 그 학교 정원이 넘어간다는 우스갯소리가 나온다. 힘들어하는 아이들도 성공시키기 위해 애써 주는 학원이 있다면 거기가 제대로 된 곳이다.

자기네가 하는 것이 필수라고 강조한다(아전인수로 설명)

수능학원은 수능이, 내신학원은 내신이, 논술학원은 논술이 가장 중요하다고 강조한다. 아전인수의 꽃을 구경하고 싶다면 학원 설명회에 다니면 된다. 다들 자기가 하는 것이 제일 중요하다고 강조한다. 당연히 자기가 하는 것이 별것 아니라고 말할 사람이 어디 있겠는가. 결국 설명회를 다 다니면 모든 게 중요해져서 머리가 더 복잡하다는 것이 학부모들의 반응이다.

결국 그 과목만 잘하게 하고 나머지를 망친다

종합학원이 아닌 이상 전문학원의 경우 자기들이 가르치는 과목 성적 올리기에만 몰두한다. 그래야 학원에 계속 다닐 테니까. 다른 과목이 떨어지든 말든 신경 쓰지 않는다. 그래서 전문학원들을 조합해서 셀프 종합학원을 만드는 애들은 전 과목을 다 망치게 된다. 시소현상에서 벗어나려면 학원에 휘둘리지 말고 정신 바짝 차리고 자기주도학습을 해야 한다. 만약 특정 과목도 잘하고 나머지 과목이 죽지 않도록 조화롭게 가르치는 학원이 있다면 모르지만.

숙제를 죽어라 내준다

보통 엄마들은 학원에서 공부를 많이 했건 말건 집에서 놀면 학원에 컴플레인을 한다. 집에 가서도 고생하는 모습을 유도해야 학원을 끊지 않는 것을 안 학원들은 숙제를 산더미처럼 내준다. 물론 위에서 말한 특정 과목만 성적 올리기도 목적 중에 하나다.

스스로 하게 하기보다 학원에 중독시킨다

학원은 학생이 스스로 공부하는 것을 두려워한다. 그러면 학원에 안 다닐 테니까. 학원에 의존하게 만들려고 여러 가지 노력을 한다. 대표적인 것이 학원 자체 교재의 특이성이다. 설명은 거의 없고 문제나 요약 위주다. 그래야 설명을 들으러 계속 학원에 다니거나 문제풀이를 들으러 학원에 계속 다닌다. 학원 교재가 문제풀이 위주인 것은 특히 단기적 성과에 좋기 때문이다. 어차피 학부모들이 장기적으로 보지 않고 단기적 성적에 집착한다고 생각하는 학원들은 문제를 죽어라 풀게 해서 성적을 올리려고 한다. 어떤 학원이 기본적인 개념을 탄탄히 하는 데 애를 많이 쓰면서 문제를 풀게 한다면 거기가 제대로 된 곳이다. 또 교재에 적힌 설명이 충분하다면 거기도 제대로 된 곳이다.

아이의 수준을 실제보다 과찬한다

실제보다 학생의 수준을 뻥튀기해서 칭찬한다. 그래야 자식 칭찬에 약한 엄마들의 마음을 공략할 수 있다고 믿는다. 머리가 좋다라든가 조금만 하면 진짜 잘할 거다라는 식의 서비스멘트에 속으면 안 된다. 원래 장사하는 사람들 사이에서는 남자의 허세와 여자의 허영을 자극하는 사업을 하면 돈을 많이 번다는 얘기가 있다. 우리 애가 뭐가 약한지 정확히 제시하고 어떻게 해야 극복 가능한지 진단과 처방을 내려주기 위해 애쓰는 학원이 있다면 당장은 귀에 쓰더라고 그게 결국 도움이 된다는 것을 알아야 한다.

과도한 진도나 교재 수준으로 기를 죽인다

불필요 혹은 과도한 선행학습으로 학부모와 학생을 눌러 버리는 것이 목적이다. 학부모가 기가 살면 학원을 깔보고 손쉽게 끊을 수 있다는 불안감 때문에 학원들은 실제로 필요보다 더 과도한 수준 내지 속도로 교재를 선택하고 진도 빼기를 실시한다. 그래야 학부모가 무시하지 못한다는 것이다. 이걸 잘 아는 나로서는 안타까운 마음이다. 제발 우리 아이에게 잘 맞는 진도와 교재를 선택하고 왜 그런지 설명하고 착실하게 가르쳐 주는 학원을 선택하기 바란다.

죽어라 관리, 예를 들어 시험 통과 못하면 집에 안 보내고 계속 공부시키기 등

엄마들은 아이가 조금이라도 더 학원에서 혹사당하고 오기를 바라는 묘한 심리가 있나 보다. 죽어라 잡아놓고 시험을 통과할 때까지 잡아두는 학원을 좋아하니 말이다. 결국 그런 관리는 아이를 학원에 더욱 의존시키고 타의에 의한 공부의 한계를 드러내겠지만 나중 일일

뿐이다. 당장 공부를 더 시키고 성적을 올리는 것이 지상 과제라고 믿는다. 참으로 안타깝다. 제발 자기주도학습을 하도록 상담하고 설득하는 학원을 선택하길 바란다.

선행학습 맹신 현상

공부를 재미없게 만드는 원인

공부를 재미없게 만드는 101가지 원인 중에 요새 크게 히트치는 원인이 있으니 그것이 바로 '선행학습'이다. 엄청 재미난 영화도 두 번 보고 세 번 보면 지루한데, 재미있는지도 알 수 없는 공부를 학원에서 미리 배우고 학교수업을 듣는다. 상위권들이 선행학습 덕분에 공부를 잘한다고 믿는 부모의 욕심이 결국 모든 아이들을 상중하위권 가릴 것 없이 선행학습하는 이상한 아이들로 만들었다. 그러나 같은 옷도 입는 사람에 따라 느낌이 다르듯이 똑같이 선행을 해도 잘되는 아이가 있는가 하면 안 되는 아이도 많다.

같은 전략인데 왜 결과물이 다를까? 그러니 인생이 요지경이다. 남의 애는 되는데 왜 우리 애는 안 되느냐는 심리가, 아이들이 걷고 말하는 때부터 온통 학부모를 자극하고 경쟁을 부추긴다. 남보다 앞서야 하고 뒤처지면 죽는다는 생존본능에서 시작된 부모들의 경쟁이 아이들의 진도 경쟁으로 모습을 바꿔서 진행되고 있다.

원래 연예인이 무슨 옷을 입으면 다들 따라 입듯이 공부도 상위권, SKY 출신이 했다고 하면 너나 할 것 없이 무비판적으로 달려든다. 그러나 '선행'은 원래 '속진'처럼 능력이 차고 넘쳐서 진도를 앞서 나가야 하는 영재들과 구분되는 개념으로서, 미리 공부하는 것이 효과적인 일부 아이들이 본 진도 직전에 예습을 하는 것이었다.

그러나 중위권과 하위권 아이들이(정확히는 그 엄마들이) 그 모습을 보고 본인들의 문제점은 선행 부족이었다고 오해하는 데서 문제가 시작된다. 그래서 선행만 하면 우리 애도 잘 따라갈 수 있을 거라고 믿게 된 것이다. 학원 원장들이 이런 수요를 모를 리가 없다. 그들도 다 선행한다고 잘되는 게 아니란 것을 알지만 당장 학원 운영을 위해서는 어쩔 수 없는 선택을 한다. 마치 선행학습을 안 하면 망할 것처럼. 선행을 많이 하는 학원이 잘나가는 학원으로 여겨지고 주변 학원들도 너나 할 것 없이 선행에 목숨을 건다.

진도가 곧 성취도라는 이런 잘못된 믿음은 어떤 식으로 이야기가 전개될까? 진도 경쟁을 열심히 한 우리 아이는 학교에 가면 수업이 심심하다, 다 아는 내용 같다, 수업이 지루하다며 딴생각을 한다. 모든 것을 아는 듯한 바로 이 느낌이 복습의 효과를 가져 올 것이라 엄마들은 기대하지만 결과는 정반대로 수업시간 딴짓과 졸음의 원인이 되었다. 이것이 요즘 선행 왕들의 실제 모습이다. 실제 상담을 해봐도 엄마들만 애가 끓고 정작 애들은 속 편하게 별 관심도 없고 시큰둥한 표정인 경우가 많다. 이건 애들이 공부하는 건지 엄마가 공부하는 건지 구분이 안 간다. 차라리 엄마가 대신 공부해서 성적을 받으면 그 성적으로 애들이 대학에 가는 것이 낫지 싶다. 정말 엄마들 눈에서는 레이저가 나오고 애들 눈에서는 잠이 쏟아진다. 안타깝다.

진도는 성취도가 아니다. 이 사실을 반드시 깨우쳐야 한다. 특히 고2쯤 되면 고1보다 더 빠른 빛의 속도로 과목들을 배우고 고2 말에는 진도가 거의 다 끝나는 죽음의 과정을 통과하게 된다. 제철 과일 먹듯 제 진도를 따라가는 것도 버거운 것이 고2의 공부다. 그걸 선행한다니 결국 고3까지 선행만 하다가 재수하려는 것으로밖에 이해할 수 없다.

또한 선행이 정말 필요해서 하는 경우도 주의해야 한다. 선행은 대충 훑어보거나 '한 번 보긴 봤는데…….' 상태를 만들려고 하는 게 아니다. 선행도 확실하게 해야 하고 그럴 수 있어야 선행할 자격이 있다. 그렇게 수학을 잘하는 과학고에서도 고2 여름방학이 끝날 때까지 진도를 나간다는 점을 감안하면 이보다 빠른 선행은 일반학생들에게 무리라고 감히 말하고 싶다. 잊지 말자. 고2 후반부터는 여러분이 그토록 사랑하는 '선행'도 없어진다. 그 공허함을 느끼지 않으려면 알차게 공부해야 할 것이다.

성적 하락 현상

적절한 공부 방법을 찾아야 하는 시기

 고등학교에 진학하면 세 번의 성적 하락 위험이 도사리고 있다. 고1, 고2, 고3 때 각각 한 번씩이다. 고1 때 떨어지는 건 전적으로 고등학교 공부에 적응 실패한 경우다. 중학교 공부와 고등학교 공부는 엄연히 다른데 누가 얘기해 주는 사람도 별로 없다. 그래서 중학교 때 하던 대로 해보려고 발버둥 치는데 성적이 떨어진다. 고2 때는 긴장감 부족으로 놀아서 떨어지는 경우가 많다. 고3 때 떨어지는 건 전 범위 시험에 적응하지 못한 경우가 가장 많다. 더 이상 범위가 있는 시험을 보지 않고 범위 없는 시험에 노출될 때 학생들은 코너에 몰리게 된다. 그나마 하던 벼락치기조차 이제는 할 수 없게 된다.

만약 고1 때 고교식 공부에 적응하지 못해서 성적이 떨어져 본 경험을 했다면, 고2가 된 시점에는 과연 고등학교 공부는 어떻게 해야 하는지 고민해 봐야 한다. 고2 때 방심하고 놀아서 떨어졌다면 마음을 다잡는 계기를 만들어야 한다. 고3 때 전 범위 시험의 새로운 환경에서 밀려나지 않으려면 고2 때부터 고3을 고민하면서 공부해야 한다(선행학습 얘기가 아니니 오해 마라).

그렇다면 고1 때 성적 하락의 원인이 되는 고교식 공부란 무엇일까? 중학교 때 공부는 이해보다 암기가 효과적이고 효율적이다. 포괄적으로 공부하기보다는 지엽적으로 달달 외우는 공부가 당장의 성적에 효과적이다. 영어나 수학을 심도 있게 공부하기보다는 전 과목을 고르게 균형 발전시키는 편이 효과적이다. 어차피 전체 평균만 의미가 있으니까(특목고 지망생 제외). 또 기본이 되는 내용을 잘 읽고 이해하기보다는 문제를 반복학습해서 숙지하는 것이 훨씬 효과적이다. 반복학습하면 비슷비슷한 문제들이 나오는 시험에서 고민 없이 풀어내려갈 수 있다. 수능이나 논구술이 없으니 내신만 잘하면 된다. 즉, 초점을 좁힐 수 있고 그만큼 폭넓게 하기보다 반복숙달로 한 가지 시험만 준비하면 되니까 꼼꼼하고 틀리지 않는 능력이 대범하고 어려운 문제에 도전하는 능력보다 빛을 발한다. 그러나 고등학교에 가면 이 모든 게 다 뒤집어진다.

고2 때 성적하락의 원인이 되는 심각한 심리적 방심현상은 이미 '긴장 없어 현상' 편에서 설명한 바 있다. 학교생활이나 공부에 있어서 더 이상 새로울 것이 없는 고2에게 이것은 보이지 않는 큰 위험요

소다.

고3 때 성적하락의 원인이 되는 전 범위 시험이란 무엇일까? 보통 고등학교 초중반까지는 진도와 시험 범위라는 것이 있다. 그래서 좁은 범위의 내용을 구체적으로 숙지하고 반복하는 방식이 효과적이다. 그러나 고3이 되면 이제 범위나 진도의 개념이 사라진다. 전체 중에 어디서 무슨 내용이 어떻게 시험문제로 나올지 알 수가 없다. 범위가 있는 시험은 그 안에 있는 내용을 모조리 외워 버리는 것이 중요하지만, 범위가 없는 시험은 내용 중에 핵심과 비핵심을 분류하고 핵심 위주로 구조화하는 능력이 중요하다. 절대로 벼락치기가 통하지 않고 효과도 없다. 그러니 이런 상황을 미리 고민하지 않고 예전처럼 범위 안에 있는 내용을 모조리 달달 공부하던 학생들은 무척 당황할 수밖에 없다.

이런 모든 현상의 원인을 어른들이나 심지어 본인조차 제대로 찾지 못하는 경우가 많다. 단지 공부를 안 했다라든가 사춘기가 늦게 왔다든가 하는 식의 촌스러운 분석만 이루어질 때 고교식 학습에 완전 적응한 친구들은 쭉쭉 실력을 뻗어나가고 있다. 고1이나 고3 때 성적이 떨어지지 않으려면 앞으로 나올 고교식 학습법을 읽어 보고 답을 찾아야 한다. 고2 때 성적이 떨어지는 방심형이라면 이 책을 통해 마음을 다잡아야 할 것이다.

그래도 참으로 다행인 것은 의외로 고등학교 3년 동안 성적 엎치락뒤치락 현상이 상당히 심하다는 점이다. 하락의 위험이 도사리고 있다는 얘기는 반대로 상승의 기회도 많다는 의미이다. 이 책을 통해 더 이상 공부량과 교재, 학원 선생님 탓만 하지 말고 내 안에 숨겨진 원인을 분석하고 해결하자.

성적 정체 현상

올바른 공부법으로 개선

고등학교 공부 중에서도 특히 고2 때 겪을 수 있는 현상 중 하나가 성적 정체 현상이다. 공부를 하는데 성적이 오르지 않는 경우라 하겠다. 열심히 해도 성적이 안 오르면 좌절에 빠지기 쉽다. 그런데 이 정체 현상이 발생하면 대부분 적극적으로 해결하려고 마음먹기가 쉽지 않다. '왜 안 될까?' 하는 고민만 늘어간다. 그러다 보면 시간은 바람처럼 지나가고 어느덧 고3이 돼 버린다. 정신없이 이렇게 저렇게 공부해 보느라 고민할 여유조차 없던 1학년 때와 달리 2학년이 되면 왜 맘대로 성적이 안 오르는지 고민이 시작된다. 할 만큼 했는데 성적은 제자리걸음이니 미칠 지경이다. 그렇다면 왜 이런 일이 벌어지는 걸까?

성적 정체 현상은 고등학교 공부의 특수성에서 그 원인을 찾을 수 있다. 바로 공부법의 등장이다. 중학교 공부에서 공부법 같은 것은 사치다. 그냥 냅다 열심히만 공부하면 이길 수 있다. 중학교 공부에서 성적이 안 나온다는 말은 '나는 수업을 잘 안 듣고 필기도 잘 안하고 예복습도 안하고 자습서와 문제집 잘 안 풀고 대강대강 공부하고 있어요' 라고 말하는 것과 같다. 즉, 공부의 아주 기본 중에도 기본이라 할 수 있는 예습하고 수업 듣고 필기하고 암기하고 문제 풀고 복습하고 이런 과정들을 생략하기 때문에 생기는 현상이다. 반대로 수업에 집중하고 열심히 필기하고 죽어라 외우고 풀고 반복하면 반드시 좋은 성적을 받을 수 있다. 그래서 학원에 다니는 효과도 중학교 때 가장 높다. 이렇게 공부하지 않는 아이들에게 강제로 공부를 시켜 주니까 당연히 성적이 오를 수밖에. 그러나 고등학교 공부는 이렇게 다 하는데도 성적이 제자리걸음인 경우가 있다. 바로 공부법이 올바르지 않은 경우다.

'해도 안 된다' 식의 성적 정체에 빠지면 심각한 멘탈 붕괴가 찾아온다. 사람은 본래 해도 안 된다고 느낄 때 패배주의에 빠질 가능성이 높다. 상담을 해봐도 엄청 오랫동안 책상에 앉아 공부하는 데도 성적이 안 나오는 학생들이 가장 심리적으로 위축되어 있다. 보통 말 잘 듣고 성실하고 대기만성형 스타일의 학생들이 이런 현상에 잘 빠진다. 공부 말고 다른 데 관심이 없고 딴짓을 심하게 하는 것도 아니고 오로지 공부만 하는데도 매일 성적이 그 타령이니 부모님의 속은 얼마나 탈 것이며 본인이야말로 얼마나 괴롭겠는가. 그들의 정서적 자신감의 회복은 말이나 설득만으로 해결되지 않는다. 아주 예리하게 공부법을 개선하고 그를 철저히 지키는 것만이 살길이다.

예를 들어 언어영역의 성적이 정체되어 있다면 언어문제집만 산처럼 쌓아놓고 풀고 있을 가능성이 100%다. 수리영역이 정체되어 있다면 역시 수리문제집만 죽어라 풀고 있을 것이다. 탐구영역이 정체되어 있다면 교과서를 세심히 읽고 있지 않을 것이며, 외국어영역이 정체되어 있다면 단어 암기 기피 혹은 독해집 풀이 기피, 문법서 완독 경험 부족 등을 의심할 수 있다. 대부분 기본에 충실하기보다 문제풀이식 중학생 공부패턴에서 벗어나지 못했을 가능성이 높다. 그럼에도 불구하고 성적이 폭락하거나 널뛰기를 하지 않고 정체되어 있다는 것은 그나마 문제풀이식 공부라도 열심히 했다는 뜻이다.

앞으로 나올 챕터들을 읽으면서 단지 무식하게 양치기(공부의 양만 늘리는 방법) 방식으로 양으로 승부했던 학생이라면 공부 방법을 개선해 보자. 반드시 성적은 오른다. 게다가 정체되어 있었다면 공부량은 충분했다는 뜻이다. 얼마나 희망적인가! 공부량조차 부족했다면 동기부여부터 하고 엉덩이를 붙이는 원시적 수준부터 개선해야 하지만 여러분은 방법만 개선해도 놀라운 일을 경험할 것이다. 이 책이 여러분의 공부법 개선의 길라잡이가 되어 줄 것으로 확신한다.

성적 시간차 현상

천천히 다가오는 결과에 인내하기

고등학교에 가면 기이한 현상을 경험하게 된다. 바로 성적의 시간차 변화 현상이다. 중학교 때는 공부를 안 하고 친 시험은 바로 성적이 떨어지고, 공부를 하고 치면 바로 성적이 오른다. 바로바로 공부 효과가 나온다. 그래서 학원도 이때 가장 많이 다니게 된다. 학원에 다닌 성과가 바로바로 결과로 드러나기 때문이다. 그러나 고등학교 공부는 중학교 같지 않다. 이번 시험에서 별로 노력을 안 했는데도 크게 성적이 떨어지지 않거나 다음 시험에서 죽어라 공부했는데도 성적이 크게 오르지 않는다. 그런데 희한하게도 다음 학기에 성적이 갑자기 오르거나 떨어진다. 즉 노력의 충분함이나 부족함의 결과물이 이번 시험이 아니라 다음 시험에 반영된다. 시간차가 발생하는 것이다. 왜 이런 걸까?

고등학교 공부는 어느 정도 내공이 쌓이면 그 효과가 진득하게 나온다. 반면 한 번 내공을 쌓아놓으면 좀 놀아도 버틸 수 있다. 그러다가 한 번에 폭락한다. 내용을 단순하게 외우고 그 여부를 평가받고, 문제풀이조차도 반복에 의한 암기가 가능한 중학교 공부는 반복숙달이 생명인 터라 그 효과도 빠르게 볼 수 있다. 그러나 철저한 이해와 응용 그리고 적용과 도출 및 추론을 요구하는 고등학교 공부는 그 기반이 잘 닦일 때까지 시간이 필요하다. 그리고 그런 기반이 닦인 후에 반복숙달을 해야 득점할 수 있다. 반면 기반만 잘 닦아 놓고 반복숙달에 소홀하면 당장은 결과에 반영이 안 돼도 결국엔 점수에서 그 부족함이 드러나는 것이다.

이것이 바로 고등학교 공부의 타임래그(time lag) 현상의 원인이다. 즉 1학년 때 공부에 어려움을 겪으면서도 올바른 방법으로 극복하려고 애를 썼다면 고2 때부터 진득하게 성적이 올라간다. 반면 1학년 때 선행학습이나 중학교 때 하던 가닥으로 어느 정도 쉽게 점수를 딴 학생들은 방심하다가 고2 때도 놀면서 폭락이 시작된다. 그래서 고등학교 공부에서는 안 된다고 좌절하지도 말고 잘된다고 방심해서도 안 된다. 언제 어떻게 뒤바뀔지 알 수 없다.

이런 현상은 벼락치기 전문선수들의 몰락과도 연결된다. 중학교식 공부에서 벼락치기는 매우 효과적인 전략이다. '직전에 바로 한 번 더'라는 원칙으로 공부하는 것이 '미리부터 진득하게'라는 원칙보다 단기전에서는 효과적이다. 그러나 타임래그 현상이 발생하는 고교 공부에서 벼락치기는 그 양적 한계로 불가능할뿐더러 어찌 가능하다고 해도 성과가 나쁠 수밖에 없다. 기반을 제대로 닦지 않은 벼락치기는 고등학교 공부에서는 그 얄팍함이 금세 발각된다.

고2 때가 타임래그 현상을 경험하기 매우 좋은 환경이다. 고1 때는 중학교 때 하던 실력이 어느 정도는 영향을 미치기 때문에 타임래그가 아무래도 짧거나 별로 없다. 고2 때는 범위도 넓어지고 중학교 때까지의 실력과 상관없는 새로운 내용들을 더 많이 배우기 때문에 타임래그 현상이 발생할 확률이 높다. 고3 때는 전 범위 진검승부에 장기레이스이기 때문에 타임래그가 훨씬 길어서 알아차리기조차 어렵다. 심지어 고등학교 때 공부한 노력이 재수하면서 저력을 발휘할 정도니 말이다.

그래서 고2 때가 이 현상을 느끼기에 가장 적합하다. 성적 변화를 비교할 고1 성적이라는 결과물도 있고, 고3과는 달리 모든 애들이 다 공부에 몰두하지도 않는다. 열공해서 타임래그를 극복해 보자. 절대 좌절하지 말자. 이번 학기 여러분의 노력은 반드시 다음 학기에 결과로 반영된다. 단, 전제조건은 올바른 고등학교식 공부법으로 공부했을 때 그렇다는 것이다. 반대로 좀 놀았는데 성적이 유지된다고 방심하지 말자. 다음 학기에 폭포수처럼 떨어질 일이 기다리고 있다.

Part 2

고1 때 실패했다면
고교식 학습이
살길이다

아무리 작은 것도 이를 만들지 않으면 얻을 수 없고,
아무리 총명하더라도 배우지 않으면 깨닫지 못한다.
− 장자

범위 없는 시험이 다가오고 있다

학년 간의 밸런스

중학교 때와 달리 고교 공부에서 달라지는 한 가지가 바로 전 범위 시험이다. 전 범위 시험과 범위 있는 시험은 전혀 다른 시험이다. 중학교 때는 대부분 범위를 잘라 중간-기말-중간-기말로 이어지는 학교 내신 패러다임에만 적응하면 된다. 그러나 고등학교에서는 1, 2학년에서 배운 내용 전체를 구조화하고 이해·암기해서 광범위한 내용을 숙지하고 시험을 봐야 하는 고3이 기다리고 있다. 고1 때는 정신이 없고 잘 몰라서 그렇다 치자. 고등학교 입학하자마자 고3을 기약하며 공부하기는 어렵다. 하지만 고2가 되어서 당장의 공부가 끝이 아니란 사실을 알면서도 습관처럼 이번 시험만 어떻게 막아 보자 하는 마인드로 공부한다면 문제가 크다. 그것은 결국 고3 성적 폭락의 원인이 된다. 결국 고2는 특히 고1과 고3을 연결한다는 의미에서 그간의 공부를 정리하는 동시에 지금 당장의 공부도 챙겨야 한다는 이중의 부담을 안게 된다.

고1 때 하던 급급한 공부를 반복하지 않고, 고2라면 이제 고3을 염두에 두고 공부해야 한다는 말인데 예를 들면 이런 것이다. 국어 내신 공부를 할 때 학교 수업을 잘 듣고 선생님이 강조하신 포인트를 놓치지 않는 것은 기본이라 하겠다. 다만 내신을 공부할 때 내용을 외우려고 덤비기만 하고 왜 그렇게 되는지 음미하지 않거나 애써 외면한다면 그것은 고2만을 바라보는 공부다. 반면에 문학작품을 감상하거나 비문학 글을 분석하는 과정을 혼자서 해보려고 애쓰고, 선생님의 설명이나 자습서의 설명과 비교하면서 스스로 사고하는 연습을 한다면 그것은 고3까지를 아우르는 공부다.

영어도 마찬가지다. 단어를 암기만 하고 모으거나 정리하지 않는다면 그건 지금 당장의 공부에만 도움이 된다. 그러나 중요한 단어를 단어장에 기입하고 정리하면서 나중에 복습하는 상황을 가정하고 공부한다면 고3을 대비한 공부라 하겠다.

수학은 또 어떤가. 문제 하나하나를 기계적으로 풀고 맞추는 연습만 한다면 당장을 위한 것이다. 그러나 이 문제를 나중에 다시 만났을 때 어떻게 아이디어를 빨리 도출할지 고민한다든지 어떤 유형의 문제는 일반적으로 어떤 방법들로 풀 수 있는지를 정리해 보는 연습을 한다면 그것은 고3을 대비한 공부법이다.

탐구영역도 마찬가지다. 눈앞의 내용을 이해하고 분석하고 왜 그런지 따져 묻는다면 고3을 위한 공부다. 고민하지 않고 외워 버린다면 당장을 위한 공부일 게다. 누가 말해 주지 않는다면 대다수의 학생들은 당장 급급한 공부만 할 공산이 크다. 몰라서 그런 경우도 많지만 그게 쉽고 빠르다고 느끼기 때문이고 나중 일은 나중에 고민하자는 심리일 수도 있다. 그러나 결국 새로 공부하거나 전 범위 시험에서 당황하게 되고 성적이 요동치게 된다.

그렇다면 고2 때 고3의 전 범위 시험의 무서움을 미리 알고 대비하는 좋은 방법은 없을까? 말로만 듣고 막상 학생들은 매일의 공부에서 그것을 반영하기 어려울 수도 있으니 말이다. 제일 좋은 방법은 고2가 어느 정도 흘러가면 대부분의 내용을 배우고 진도가 어지간히 마무리되므로 전 범위 기반의 모의고사나 기출문제를 풀어 보는 방법이 있다. 꼭 거기 있는 문제들을 다 맞추기 위해서라기보다는 전 범위 시험이 어떤지 감을 익히고 앞으로의 공부의 방향성을 잡아 보기 위해서다. 그동안 배운 내용 전체에서 시험 문제를 풀려면 공부의 변화가 필요하겠구나 하는 느낌을 받는 것이 주된 목적이다. 나중에 이런 문제를 맞히려면 지금 어떻게 공부해야 할지에 대한 변화가 곧 고2 때 고3과의 밸런스를 맞추는 시작점이 될 것이다.

보다 자세한 공부법은 뒤에서 설명하기로 하고 지금은 우선 이런 문제 의식을 갖고 공부해야 한다는 사실부터 마음에 새겨 보자. 그것만으로도 여러분은 충분히 앞서 나갈 수 있을 것이다.

수학이 대학을 결정하고 영어가 평생을 좌우한다

학년 간의 밸런스

고등학교 2학년이 되면 국어공부의 부담도 많이 늘고, 영어는 단어 수준이나 독해 지문의 길이가 늘어난다. 수학은 말할 필요도 없이 광속으로 진행되는 진도와 앞에서 배웠던 내용까지 활용하는 문제들로 정신이 없다. 사회나 과학도 본격적으로 진도 나가기에 여념이 없는 시기다. 어느 과목할 것 없이 빠른 속도와 분량으로 부담감 최고라 할 수 있다. 정말 고1은 워밍업이었다고 해도 과언이 아니다. 물론 고3의 부담에 비할 수는 없겠지만.

그런데 실제 가장 큰 부담을 안겨 주는 과목은 수학이다. 문과, 이과에 상관없이 수학이 대학을 결정한다는 점은 예나 지금이나 마찬가지다. 최근 수능시험 결과를 봐도 수학은 만점자가 문·이과 합쳐서 4000명 가량인데 비해 영어는 만점자가 17000명에 달한다. 상위권으로 갈수록 언어영역이 가장 골치 아픈 과목이고 수학에서 많은 편차가 날 수밖에 없다. 또 1등급 · 만점자의 비율이나 남녀간의 비율을 보면 수학에서 월등하게 격차가 벌어진다. 결론적으로 고등학교 공부는 수학 싸움이라고 봐도 무방하다.

이런 이유로 중학교까지 영어나 다른 분야에서 두각을 나타내던 많은 학생들은 고등학교에 진학하고 나서부터는 수학이라는 패러다임에 적응해야 살아남을 수 있다. 중학교 공부는 전체적인 밸런스가 중요하므로 국 · 영 · 수 · 사 · 과를 고르게 득점하는 것이 유리하지만 고등학교부터는 특히 고1, 2때는 수학에 과하다 싶을 정도로 쏟아부어야 한다. 그래야 고2 말부터 타 과목들까지 입시 준비를 시작할 수 있다.

그럼에도 불구하고 고등학생들을 상담할 때 계획표를 작성해 보라고 하면 수학에 매진하는 학생을 찾기 어렵다. 중학교 때와 마찬가지로 골고루 계획을 짜온다. 자기가 좋아하는 과목 위주로 짜온다면 공부 전략면에서는 초등학생 수준이다. 안타까운 마음이 든다. 내가 서울 과학고 시절에 하루에 적어도 세 시간, 많은 날은 다섯 시간까지 수학을 공부하던 것에 비하면 정말 적은 시간을 수학에 투자하고 있다. 얼마 전 친구가 한의대 공부를 한다며 재수종합학원에 다닐 때 얘기를 해주었는데 요즘 친구들이 수학을 정말 못해서 그나마 다행이라고 말한 것이 기억난다. 나이 먹고 공부하는 통에 다른 암기과목은 영 따라가기가 만만치 않은데, 아이들이 수학만큼은 예전보다 확실히 못한다고 한다. 그래서 버티고 있다고.

　고2는 이렇게 중요한 수학과목의 초석이 완성되는 시기다. 고1 때는 뭣 모르고 고등학교 수학에 적응하느라 고생하지만, 고2가 되면 고1 때 배운 수학 내용도 복습하면서 자기가 잘못 공부한 것도 알게 되고 문제점도 볼 수 있다. 또한 진도도 빠르게 나가고 복습과 예습과 진도 나가기가 모두 동시에 이뤄진다. 더더욱 수학 실력에 많은 차이가 발생할 때다. 따라서 고2까지는 아무래도 수학공부에 많은 시간을 쏟아부어야 한다. 수학이 어느 정도 감을 잡을 수준이 되면 그때는 고등학교 공부가 한결 수월해지고 고3으로의 준비가 자연스럽게 이어질 수 있다. 수학공부가 결국 고교식 학습 적응의 가장 중요한 열쇠다.

　문제는 수학에 이렇게 많은 시간과 노력을 쏟아붓고 싶어도 영어가 어느 정도 받쳐 주지 않으면 참으로 난감하다는 점이다. 영어는 상위권으로 갈수록 변별력 면에서 중요도가 떨어지는 과목이지만, 중학교 시절에 많이 해두지 않으면 고등학교에 와서 보충하기란 참으로 어렵다. 다른 이유가 아니라 늘어난 수학과목 탓이다. 고2가 되어서도 영어가 일정 수준에 도달하지 못한다면 독한 마음먹고 보완해야만 한다. 뭘 잘하고 못하고 하고 싶고 말고를 따지는 것은 진정한 사치일 수밖에 없다. 그나마 다행인 것은 듣기부터 독해집 풀이와 단어 암기, 그리고 문법 공부를 막론하고 영어는 유일하게 공부량으로 승부해도 크게 문제가 생기지 않는 거의 유일한 과목이다. 학기 중엔 어쩔 수 없다고 해도 방학 땐 특단의 노력이 필요하다.

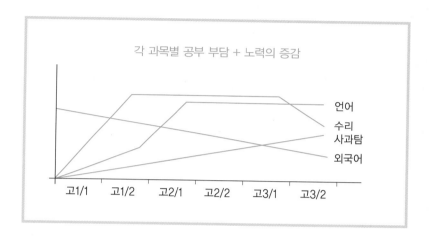

공부 부담감과 노력의 정도를 y축, x축을 학기의 진행이라 볼 때 언어(2014학년도 수능부터는 국어)는 그래프처럼 지긋이 올라가다가 고2가 되면서 급격히 상승하고 일정해진다. 고3 말이 되어 줄어든다.(열심히 했다고 가정할 때) 사과탐은 꾸준히 증가하고, 반대로 외국어(2014학년도 수능부터는 영어)는 꾸준히 감소한다.

문제집만 푸는 건
중학교 공부법이다

교재 간의 밸런스

중학교 교재들은 설명이 별로 없고 문제가 많은 특성이 있다. 중학교 공부는 내용 자체의 깊이가 그리 깊지 않다. 그래서 고등수학의 《정석》은 있어도 중학수학의 《정석》은 없다. 그만큼 설명거리가 풍부하지 않고 문제 유형도 다양하지 않다는 뜻이다. 반면에 고등학교 공부는 모든 과목들의 기본서가 있다. 기본서란 설명이 많이 된 책을 말한다.

학생들은 이러한 차이를 알고 있을까? 안타깝게도 학원식 공부에 젖어 있는 요즘 학생들은 문제풀이 반복형 공부를 중학교에 이어서 고등학교에서도 계속하고 있다. 학원 교재들도 거의가 문제풀이 반복이나 단순 암기를 위한 요약서 형태를 띠고 있다. 그도 그럴 것이 설명은 학원에서 해주기 때문에 굳이 책에 설명을 넣을 이유가 없는 것이다.

그러나 아무리 설명을 잘 들었다고 해도 결국엔 설명을 다시 읽고 자기가 스스로 공부해서 머릿속에 넣어야 한다는 사실까지 바뀌지는 않는다. 그런데 학원 교재에는 이런 설명이 없다. 결국 단순반복적으로 문제만 풀어가는 수밖에 없다. 또 숙제도 거의 문제풀이, 평가 방법도 문제풀이다. 이런 방법으로 공부를 하면 당장 몇 문제 더 맞히고 내신 성적을 조금 올리는 데는 효과적일 수 있다.

중학교에서 보는 학교시험에는 이 방법이 최고의 효과를 발휘한다. 그래야 학생들이 학원을 끊지 않고 계속 다닌다는 사실도 학원들은 알고 있다. 즉, 무슨 수를 써서든 그것이 학생한테 좋든 나쁘든 그 과목 성적만 올려 주면 학원에 오래 다닌다는 생각에 기반한 지도 방법이다. 그러나 장기적으로 성적급수 자체가 올라가지는 않고 오히려 학년이 올라갈수록 성적이 떨어질 위험까지 있다. 고등학교 공부에서는 기반이 닦이지 않는 문제풀이는 의미가 없다.

본래 문제풀이식으로 공부하는 것은 범위가 좁고 문제 유형이 많지 않을 때 효과적인 공부법이다. 예를 들면 운전면허 필기시험 같은 경우가 그렇다. 운전면허 필기시험을 개념이해부터 하는 사람은 없다. 그냥 문제랑 답 맞춰가며 외우는 것이 빠르고 효과적이니까. 오히려 이해하고 정리하는 행위가 더 비효율적이다. 그러나 사법시험을 준비하면서 문제랑 답만 외우는 사람은 없다. 이처럼 시험에 따라 준비 방법이 전혀 다른데, 고등학교 공부가 단지 학창시절 공부라고 해서 중학교 공부와 같다고 생각한다. 절대 그렇지 않다. 중학교 공부를 운전면허 필기시험에 비유한다면 고등학교 공부는 사법시험을 준비하는 자세로 공부해야 한다(실제로 그렇게 차이가 난다는 뜻은 아니다).

그렇다면 무엇을 바꿔야 이것이 가능할까? 앞으로는 더 이상 요약서나 문제집 형태의 책으로만 공부하는 습관을 버리자. 힘들어도 괴로워도 시간이 더 걸리는 것 같아도 기본서 즉, 설명이 많이 되어 있는 책을 읽고 이해하고 받아들이고 꺼내서 설명해 보자. 그리고 그 내용을 문제에 적용해 보고 정리하고 외우고 다시 푸는 과정을 골고루 해보자. 중학교 시절 외우고 문제 푸는 것만 반복했다면 이제 다른 부분들까지 신경 써야 한다. 특히 고2가 되었다면 고1 때 성급하게 해서 효과 없던 공부습관을 버리고, 가능하면 배운 내용을 어떻게 하면 외우지 않고 받아들일 수 있을지 고민해 봐야 한다.

기본서를 선택할 때에도 자신의 현재 실력에 맞는 것을 골라야 한다. 불필요하게 어려운 기본서를 꼭 봐야 하는 것은 아니다. 예를 들어 정석 책이 어렵다면 교과서를 활용해도 무방하다. 단계별로 올라가는 방식이 더 좋은 학생이 굳이 어려운 책을 잡고 낑낑댈 필요는 없다. 문제집 역시 처음부터 어려운 책을 선택하기보다는 시중에서 많이 보는 책을 사서 단계적으로 어려운 책까지 도전하는 편이 낫다.

교재 간의 밸런스를 못 맞추는 다른 예는 기본기를 닦기 전에 기출문제집 혹은 모의고사 문제집에 열중하는 경우이다. 혹은 고1, 2단계에서 EBS문제집만 잔뜩 사서 공부하는 경우도 비슷하다. 1, 2학년 때는 가급적 기반을 닦는 기본 교재와 시중에서 다른 사람들이 많이 선택하는 전통적인 책을 가지고 공부하는 것이 맞다. 고2 말이나 고3 초부터 기출/모의/EBS류의 책들을 봐도 늦지 않다.

공부의 시작은 교재 선택부터다

좋은 교재 추천

시중에 나와 있는 교재를 남들보다 많이 제대로 보는 것이 공부의 정석이라 할 수 있다. 남들은 안 보는 이상한 책을 혼자서만 보고서 공부를 잘하게 되는 일은 현실에서는 극히 드물다. 다음의 책들을 이용해서 제대로 된 공부를 한다면 여러분 모두 건승할 것이다. 참고로 다음의 책들은 실전용 교재라기보다는 기본서 + 실력다지기용 문제집이다.

우선 수학 기본서는 상위권의 경우 《수학의 정석》을 추천한다. 최상위권은 《실력 수학의 정석》을 봐도 좋고 《숨마쿰라우데》 시리즈를 봐도 좋다. 가끔 기본정석과 실력정석의 용도나 차이점을 모르는 학생들이 있는데, 실력정석을 보고자 한다면 기본정석은 생략해도 좋

| 수학 기본서 | 수학 문제집 | 영어 독해집 | 영어 문법서 | 영단어 | 언어 대비 |

다. 실력정석과 기본정석의 차이는 예제 유제 유형의 다양성 차이, 연습문제의 난이도의 차이가 있을 뿐이다. 따라서 둘 다를 보는 것은 중복 투자가 될 가능성이 높다. 가끔 정석이 시대에 안 맞으니, 정석을 볼 필요가 없다느니 떠드는 사람들이 있는데 아직도 서울대 합격생 대부분이 정석 책을 본다는 점을 알아야 할 것이다.

중상위권의 경우 약간 소프트한 느낌의 《수학의 바이블》을 추천한다. 중위권 이하의 학생들은 무조건 교과서를 기본서로 삼기를 바란다. 교과서를 무시하는 경향은 어디서 시작되었는지 모르겠지만 교과서만큼 내용 설명을 열심히 하는 책도 없다는 것을 알아야 한다. 중위권 이하의 학생들에겐 교과서보다 좋은 기본서는 없다.

수학 문제집은 위의 삼총사가 시중 서점에서 거의 대부분을 차지하고 있다고 해도 과언이 아니다. 《RPM》《쎈》《개념원리》모두 좋은 책이므로 셋 중에 본인 취향에 맞는 것을 골라서 풀면 되겠다. 물론 고2가 가기 전에 삼총사는 모두 풀어야 한다.

영어 독해는 《빠른 독해 바른 독해》《리딩튜터》《쭉쭉 읽어라》삼총사가 무난하다. 문법사항을 독해에 적용한다는 차원에서 '빠바' 시리즈가 강점을 가지고 있다.

영어 문법서는 위의 세 가지 중에 고르는 것이 아니라 단계별로 차원이 다른 책들이라고 보면 된다. 우선 문법 기본기를 닦는 차원에서는 제일 위에 있는 《그래머존》시리즈를 추천한다. 고2라면 기본편 정도는 최소한 마스터해야 한다. 종합편은 수준에 따라 판단하면 된다. 그다음 《천일문》은 문법 실전 실용서로서 기본을 닦는다는 차원보다는 기본기 굳히기에 들어갈 때 쓰는 책이라고 보면 된다. 따라서 《그래머존》으로 기반을 형성한 후 《천일문》으로 마무리하는 것이 가장 이상적인 코스라고 보면 되겠다. 마지막에 있는 《그래머 인 유즈》는 외국계 문법서로서, 다가오는 니트(국가영어능력평가시험) 시대에 대비하는 학생은 반드시 봐야 하는 책이다. 그러나 현역 고2라면 외국계 문법서까지 마스터할 필요는 없다. 특히 외국계 책의 경우 작은 뉘앙스 차이나 용례들에 집착하는 경향이 있어서 국내 문법 문제나 독해에는 크게 도움이 되지 않는다. 오히려 작문이나 회화를 염두에 둘 때 필요한 책이다. 이들 책에서는 예문이 가장 핵심이므로 예문들을 암기하는 용도로 사용하면 좋다.

영어 단어집은 《워드마스터》나 《능률보캐》가 많이 쓰이는데 최근에 출시된 책 중에 아주 훌륭한 책이 있어 소개할까 한다. 바로 《단어 쫑내기》라는 책이다. 《능률보캐》가 어근어원분석 형태로 인기를 끌고 있어서(무려 20년 이상) 이보다 좋은 책이 가능할까 하고 생각했는데 드디어 나왔다. 바로 《단어 쫑내기》다. 이 책은 어근을 분석하고 분류하는 데서 끝나지 않고, 왜 그 단어가 그런 의미를 가지게 되는지 유추 과정을 잘 설명해 주고 있다. 그래서 그 설명을 따라 읽으면 '아 그런 의미가 될 수밖에 없구나' 하고 깨닫게 해준다. 당연히 손으로 연습장이 찢어지게 쓰지 않아도 빠르고 쉽게 효과적으로 외울 수 있다. 강추한다.

마지막으로 언어를 대비하기 위해 비문학 교재로 《오디》 시리즈를 추천한다. 그 외에도 요새 학생들이 약한 어휘력 문제를 해결하기 위해 어휘력 관련 교재도 두 권을 추천했다. 다른 학생들에 비해서 어휘력 면에서 문제가 있다면 반드시 독파해야 한다.

내신을 심화하고
확장하자

내신, 수능, 논술의 밸런스

일명 죽음의 트라이앵글이란 말이 유행했었다. 이제는 죽음의 사각형이라고 해야 할 판이다. 내신-수능-논구술-서류 스펙까지. 뭐가 이리 복잡한지 입시는 끝을 모르고 복잡해지고 학생과 학부모는 다양한 요구를 받고 있다. 문제는 요구하는 측에서 대안은 제시하지 않는다는 점이다. 학교에서 이 모든 것을 책임질 수 없는데도 대학과 당국은 그저 일찍부터 목표를 세워 자기주도학습을 하면 모두 다 가능하다며 거짓말을 한다. 학생들만 조용히 고통받을 뿐이다. 특히 성적 위주의 선발에서 벗어나 학생의 관심과 재능을 평가하겠다며 바라보는 포장은 정말 현행 입시제도가 잘못되기 시작한 근본 원인이라고 할 수 있다. 아무리 그래도 학생들은 매일의 공부에서, 내신성적에서 자유로울 수 없다는 사실을 정말 모르고 하는 소리인지 답답하다. 그래서 내신 절대평가를 하겠다는데 그렇게 해결될 문제가 아니다. 어차피 내신은 현재형 시험이고 논구술·수능은 미래형 시험이다. 당장이 다급한데 내신으로부터 자유로울 수 있는 학생은 없다.

서류 스펙 관리는 논외로 하더라도 어른들의 욕심으로 추가되는 두 개의 새로운 시험은 고등학교 공부를 어렵게 만드는 주범이다. 바로 수능시험과 논구술이다. 정시만을 노린다면 논구술의 압박은 크지 않지만 수시가 날로 늘어가고 이미 주요대의 경우 3분의 2 이상(서울대, 중앙대는 80%)을 수시로 뽑는 현실에서 논구술 시험을 간과할 수 없는 것이 현실이다.

내신 시험에만 신경 써도 한 학기가 훌쩍 지나가는데 그 사이사이에 그리고 방학 때는 더욱 본격적으로 수능을 준비해야 한다는 부담감은 현역들을 더욱 힘들게 한다. 오죽하면 재수생의 수능성적 향상 비율이 80%에 달하겠는가. 예전에는 재수하면 현상 유지하거나 오히려 떨어질 가능성이 높다는 말이 많았지만 요새는 재수를 해야 성적이 오를 확률이 더 높은 셈이다(강남 재수생 비율이 반수생을 포함하면 80%라는 뉴스가 있다).

수능은 그나마 내신과의 연계성이 높은 시험이라 낫다. 논구술은 그 격차가 너무 심해서 일상적인 학교 공부와 시험 준비만으로 커버하기가 사실상 불가능한 수준이다. 물론 대학들은 교과서 범위 내에서 충실히 수업을 받으면 맞힐 수 있도록 출제했다는 판에 박힌 얘기들을 늘어놓지만, 그건 출제 측의 립서비스이고 실제 시험을 보는 학생들이 그런 말에 동의할 수 있을지 의문이다. 솔직히 현행 주요대 논구술 문제(특히 이과 논술은 더더욱)를 자신 있게 풀 수 있는 수준의 학생이라면 교수로 특채를 해야 할 정도다.

특히 상위권 대학들의 논구술 시험문제 수준은 도를 넘어서 일각에서는 일부러 답안지에 손도 못 대게 출제한다는 얘기까지 나온다. 많은 수시 지원자들의 답안지를 모두 다 읽을 수 없으니 어지간한 실력이 아니면 아예 채점 대상에도 포함될 수 없도록 난이도 높은 문제를 출제한다는 말이다. 이러려면 왜 그 시험을 보는지 이해할 수 없는 노릇이다. 응시료로 손쉽게 수입을 올리려는 대학들의 목적 이외에 다른 이유를 찾기 어렵다.

어쨌거나 이런 현실을 바꾸기 어려운 이상 학생 입장에서는 준비할 수밖에 없다. 그러나 평소에 내신, 수능, 논구술을 모두 준비한다는 것이 가능한 일인지 의문이다. 오히려 내신을 열심히 해서 수능과 논구술에도 통할 수 있도록 수준 높게 공부하는 것이 가장 현실적인 대안이라 하겠다. 실제로 서울대 학생들과 토론해 보면 내신을 공부할 때 내신만 바라보고 공부해서는 현역이 재수생을 이기기란 거의 불가능하다고 얘기한다. 내신 준비 기간에도 내신에 필요한 수준 이상으로 내용을 입력해야 이해하고 정리하고 암기하고 구조화해야 수능 공부의 부담을 줄일 수 있다는 것이다. 나아가 논구술을 대비해서 말하고 문제를 푸는 연습까지 해봐야 한다고 증언한다.

아무리 절대평가 내신제도가 시작되어도 평소에 딸 수 있는 유일한 점수가 내신이다. 간과해서는 안 된다. 수능을 내신과 별개로 보면 더 힘들어진다. 내신과 수능의 격차를 줄이려는 노력을 내신 공부할 때부터 해야 한다. 논구술은 고밀도 수능 문제를 논술이나 구술 형태로 표현한다고 생각하고 조금씩 대비해야 한다. 확실한 것은 수능 끝나고 하는 반짝 준비는 돈과 시간만 날린다는 점이다. 내신, 수능, 논구술 간의 이런 균형의 추구가 대입 결과를 보장할 것이며 입시가 어떻게 바뀌든 걱정 않고 공부할 수 있는 유일한 길이다. 부디 할아버지가 만들어서 아버지가 돈을 쓰고 아들이 고통받는 현재의 입시제도가 빨리 개선되었으면 하는 바람이다.

참고로 2012학년도 서울대학교 정시 논술 문제 하나를 간단히 살펴보자. 인문계열의 경우 문항은 크게 세 문항이 주어졌다. 그중에 1번 문항을 통해 살짝 논술 문제의 핵심 사항을 파악해 보도록 하자.

제시문

6월 중순쯤에 접어들면 텍사스와 멕시코만 쪽으로부터 커다란 구름이 올라왔다. 높고 두꺼운 비구름이었다. 그러면 논밭에서 일하던 사람들은 하늘을 올려다보고 구름 냄새를 맡아보면서 침칠을 한 손가락을 치켜들고 풍향을 재어보곤 했다. 구름이 밀려오면 말들도 들떴다. 그러나 빗기를 머금은 구름은 한두 방울 비를 떨어뜨리다가는 곧 다른 쪽으로 옮아갔다. 구름이 지나간 자리에는 다시 파란 하늘이 얼굴을 내밀고 햇살을 뿌렸다. 빗방울이 두들겼던 토사 위에는 작은 구멍이 뚫려 곰보가 나고 옥수수 잎새마다 맑은 빗방울이 맺히는 것이 고작이었다.

(중략)

밤이 이슥해지면서 바람은 벌판을 쓸었고 사방에 정적이 깔렸다. 먼지 섞인 공기는 안개나 구름보다도 들판의 소음을 더욱 완전히 감싸 버렸다. 집 안에 갇힌 채 누워 있는 사람들은 바람소리가 잦아드는 것을 기다리고 있었다. 먼지 폭풍이 멎자 그들은 자리에서 일어났다. 그들은 조용히 밤의 적막에 귀를 기울였다.

이윽고 닭이 울었다. 여기저기서 울어대는 닭의 목청이 가라앉으면서, 사람들은 집 안에서 부산하게 움직이기 시작했고 아침 맞을 채비를 서둘렀다. 공중에 뜬 먼지가 다 가라앉으려면 상당한 시간이 걸려야 한다는 것을 그들은 잘 알고 있었다. 먼동이 트자 공중의 먼지는 안개처럼 자욱하게 깔렸고, 그 속으로 비쳐드는 아침 햇살은 마치 선혈처럼 붉은색으로 물들어 있었다. 먼지는 하루 종일, 그리고 그 다음 날에까지 걸쳐 조금씩 가라앉았다. 그것은 마치 부드러운 담요인 양 땅 위에 고루 깔렸다. 옥수수 위에도 울타리 위에도, 그리고 전깃줄 위에도 소복하게 쌓였다. 지붕마다 먼지가 입혀졌고 잡초와 나무들도 뿌연 담요에 감싸여 있었다.

(중략)

지주 대리인들은 차 안에 탄 채 소작인들에게 설명을 해댔다.

"땅이 몹시 메말라 있다는 건 잘들 아실 거요. 목화가 땅의 피를 쪽쪽 빨아먹으니까 이렇게 황폐해 가는 거요. 참 용케도 오래 버티셨소. 안 그렇소?"

쭈그리고 앉은 소작인들은 고개를 끄덕였다. 그렇다고 어찌하면 좋을지를 아는 것은 아니어서 어리둥절한 채 그저 먼지 바닥에다 낙서만 하고 있었다. 물론 그들도 너무나 잘 아는 이야기였다. 그러나 어찌하랴. 만약 먼지만 날아가지 않는다면, 먼지가 그냥 땅바닥에 붙어 있어만 준다면 농사가 그렇게 안 되지는 않을 텐데. 대리인들은 설명을 계속하면서 자기들이 말하고자 하는 요점으로 이끌어 갔다.

"당신들도 알다시피 땅이 점점 피폐해 가지 않소? 목화가 땅으로부터 자양분과 피를 다 빨아먹으니 그럴 수밖에."

쭈그리고 있는 사람들이 머리를 조아렸다. 그들도 다 알고 있는 일이었다. 누구나 다 알고 있는 일이었다. 작물을 윤작만 할 수 있어도 토양에 자양분과 기름기가 어느 정도는 유지될 수 있을 텐데.

어차피 때는 이미 늦어버렸다. 대리인들은 자기들보다 더 힘이 센 그 괴물이 어떻게 생각하고 있으며 형편이 어떻게 돌아가고 있는 가를 열심히 설명했다. 누구든지 농사를 지어 먹고살고 또 세금만 제대로 낼 수 있으면 계속 땅을 갈아먹으라는 것이었다. 누구든지 그렇게 할 수만 있으면 하라는 것이었다.

그렇게 할 수는 있을 것이다. 그러나 그러다가는 얼마 안 가서 농사를 망치고 은행으로부터 돈을 빌려야 할 것이다.

(중략)

그들은 물기 하나 없는 여물통 가까이에서 발을 멈추었다. 여물통 밑에서 마땅히 자라고 있어야 할 잡초도 없었고, 오래전부터 써온 여물통의 두꺼운 나무는 바싹 말라 금이 가 있었다. 우물 뚜껑 위에는 펌프를 붙들어 맸던 빗장이 있었는데, 그 철사에 녹이 슬어 나사가 다 빠져 나가고 없었다.

조드는 우물 속을 들여다보았다. 안에다 침을 한 번 탁 뱉고 나서 귀를 기울여보고 흙덩어리를 떨어뜨리고 귀를 대보았다.

"전에는 물이 참 좋았는데."

그가 말했다.

"물소리가 안 들리는데요."

그는 집 안에 들어갈 마음이 안 내키는 것 같았다. 흙덩어리만 몇 개를 계속 넣어 보았다.

"아마 다 죽어 버린 모양이군요."

그가 말했다.

(중략)

"뭣 때문에 마을 사람들을 쫓아내는 건데?"

조드가 물었다.

"아, 놈들 얘기야 근사하지. 그동안 우리가 어떤 세월을 보냈는지 알아? 먼지바람이 불어와서 모든 걸 죄다 망쳐버리는 바람에 농사가 형편없었지. 개미 똥구멍을 막을 만큼도 안 됐으니까. 그래서 다들 식품점에 외상을 지고 있었어. 너도 알잖아. 그런데 지주들은 소작인을 둘 여유가 없대. 소작인들하고 나눠 먹으면 자기들한테 남는 게 없다는 거야. 땅을 하나로 합쳐야 간신히 수지가 맞는다고 하더라고. 그래서 놈들이 트랙터를 갖고 와서 소작인들을 전부 쫓아낸 거야. 나만 빼고 전부. 난 절대 안 떠날 거야. 토미, 내가 어떤 사람인지 알지? 태어날 때부터 날 봤으니까."

"맞아, 태어날 때부터 봤어."

"그럼 내가 바보가 아니라는 것도 알 거야. 이 땅이 별로 쓸모가 없다는 건 나도 알아. 처음부터 목장으로나 쓸 수 있는 땅이었지. 이 땅을 개간하지 말았어야 해. 그런데 여기다 목화를 심는 바람에 땅이 거의 죽어 버렸다고. 놈들이 나더러 떠나라는 소리만 안 했어도, 난 지금쯤 캘리포니아에서 마음껏 포도도 먹고 오렌지도 따고 있을 텐데. 그런데 그 개자식들이 나더러 떠나라고 했으니, 젠장, 그런 소리를 듣고 떠날 수는 없어!"

(중략)

66번 도로는 이주자들의 길이다. 미시시피 강에서 베이커즈필드까지 지도 위에서 부드럽게 오르락내리락 곡선을 그리며 국토를 가로지르는 이 긴 콘크리트 도로는 붉은 땅과 잿빛 땅을 넘어 산을 휘감아 올라갔다가 로키 산맥을 지나 햇빛이 쨍쨍한 무서운 사막으로 내려선다. 그리고 사막을 가로질러 다시 산으로 올라갔다가 캘리포니아의 비옥한 계곡들 사이로 들어간다.

(중략)

도망치는 사람들이 66번 도로로 쏟아져 나왔다. 자동차 한 대만 가지고 나온 사람들도 있었고, 자동차 여러 대로 행렬을 이룬 사람들도 있었다. 그들은 하루 종일 느릿느릿 도로를 달리다가 밤이 되면 물가에 멈춰 섰다.

(중략)

이주민들은 살 곳을 찾아 떠돌며 헤매고 있었다. 좁은 땅에서 농사를 지으며 살아온 사람들, 40에이커의 땅에 의지해서 살아온 사람들, 그 땅에서 나는 음식으로 연명하거나 굶주렸던 사람들, 그 사람들이 이제 서부 전역에서 유랑하고 있었다. 그들은 일자리를 찾아 이리저리 허둥지둥 돌아다녔다. 도로를 따라 사람들이 개울처럼 흘러다녔고, 도랑둑에는 사람들이 줄지어 늘어서 있었다. 그리고 그들 뒤로 더 많은 사람들이 오고 있었다. 넓은 도로는 이주하는 사람들로 가득 찼다. 중서부와 남서부에서 살아온 소박한 농사꾼들은 산업화의 물결에도 변하지 않았고, 농사에 기계를 사용한 적도 없었으며, 기계가 개인의 손에 들어갔을 때의 힘과 위험을 모르고 있었다. 그들은 자라면서 산업화의 모순을 경험한 적이 없었다. 하지만 그들은 말도 안 되는 산업화된 삶에 대해 신경이 곤두서 있었다.

(중략)

이주민들은 도로를 타고 계속 흘러들어 왔다. 그들의 눈 속에는 굶주림이 있었고, 욕망이 있었다. 그러나 그들에게는 주장도, 조직도 없었다. 그들이 엄청난 숫자로 몰려온다는 것, 그들에게 욕망이 있다는 것, 그것뿐이었다. 일자리가 하나 생기면 열 명이 그 자리를 잡으려고 싸웠다. 낮은 품삯을 무기로 싸웠다. 저 사람이 30센트를 받는다면, 나는 25센트만 받겠다는 식이었다.

※ 제시문은 미국의 경제대공황 시대를 배경으로 한 소설의 일부이
고, 위 그림은 제시문 전반부의 주요 배경이 된 지역의 기후환경
을 보여 주고 있다. 제시문과 그림을 참고하여 다음의 논제에 답
하시오. (세 논제를 모두 합하여 2,200자 이내)

논제 1. 제시문에 나타난 상황들의 원인을 분석하여 설명하시오.

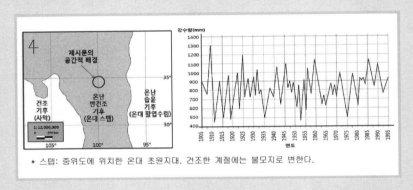

논제 2. 주민들이 원거주지에서 살기 어렵게 된 가장 핵심적인 원
인이 무엇이라고 생각하는지 근거를 들어 논하시오.

논제 3. 제시문에 나타난 '이주'와 '잔류'의 행위를 비교하여 논
하시오.

1번 문항은 제시문으로 소설이 제공되고 지리나 지구과학 시간에 볼 법한 지도와 그래프가 주어졌다. 이를 바탕으로 상황의 원인 분석, 특정 현상의 핵심 원인 분석 + 근거 제시, 제시문 상의 두 가지 행위에 대한 비교를 요구했다.

우선 시험장의 학생 입장을 상상해 보면 제시문의 길이에 압도되었을 것이다. 또한 인문계 논술에 그래프와 지도가 주어져서 당황했을 수 있다. 모든 논구술에서 주의할 점은 출제자가 원하는 방향성이 있다는 점이다. 답안을 작성하는 학생은 마음이 급해서 자기 얘기를 하기 급하겠지만 그보다 앞서 고민해야 할 점은 출제자가 왜 이 문제를 냈을까(출제 의도), 그리고 어떤 답안을 원할까(평가 의도)에 대한 충분한 파악이다. 그래야 엉뚱한 답안을 쓴다든가 실컷 쓰고 평범한 점수를 득점한다든가 하는 상황을 방지할 수 있다.

문제가 원인을 분석하라고 요구할 때는 일차적으로 원인을 정확히 찾아냈는가를 평가(평가 의도)할 것이 분명하다. 또한 원인을 찾으라고 하지 않고 분석하여 설명하라고 했다면 왜 그것을 원인으로 생각하는가에 대한 설명이 얼마나 논리적인지를 평가(평가 의도)할 것 또한 분명하다.

이때 주의할 점은 왜 그 원인들을 찾으라고 했을까(출제 의도)를 놓치지 말아야 한다는 점이다. 그래야 남들보다 더 득점할 수 있는 차별화된 답안지를 쓸 수 있다. 재미있는 것은 이런 출제 의도는 의외로 문제에 숨어 있다는 점이다. 논제 1에서는 볼 수 없었을지 모르지만 논제 3에 가면 잔류와 이주를 비교하도록 하고 있다. 그렇다면 여기서 힌트를 얻어야 한다. 이주 전과 후를 나눠서 원인들을 찾고 자연환경적 + 경제 사회적 원인들을 정확히 찾아내어 조리 있게 설명하는 것이 포인트다. 이처럼 문항 안에 있는 논제들은 각각 별개처럼 보이지만 반드시 상호연결성을 가지고 있다.

논제 2는 거주가 어렵게 만든 핵심 원인을 근거를 들어 논해야 한다. 원인을 찾는 것보다는 근거가 얼마나 타당한가, 즉 그것을 핵심 원인으로 보는 이유가 얼마나 논리적인지를 평가할 것이다.

논제 3에서는 이주와 잔류를 비교하여 논하라 했다. 그렇다면 각각의 행위에 대한 판단의 기준이 되는 상황이라든가 그 원인을 설명해야 할 것이다. 그리고 각기의 행위가 결과적으로 옳은지에 대한 판단도 비교해야 할 것이다.

이런 식의 문제가 교과서에 가끔 있다는 것은 모든 학생들이 알 것이다. 그러나 어떤 학생도 이런 문제를 어떻게 풀까 고민하거나 답안을 작성해서 선생님께 질문하거나 적극적으로 분석하지 않을 것이다. 그냥 교과서 본문 공부하기에 바쁘니까. 하지만 결국 논술은 교과서에 있는 불필요해 보이는 이런 제시문 + 논제 스타일의 문제들을 남들과 달리 고민해 보고 질문하고 풀어 보는 훈련에서 시작된다는 것을 알아야 한다.

내신을 공부하는 것이 기본이자 출발점이지만 내신에만 머무르

거나 내신만을 위한 공부를 금해야 하는 이유가 여기에 있다. 수능
은 내신의 심화요, 논구술은 내신의 조합과 확장이라는 점을 잊지
말자.

빠른 입시전략 수립이
성패를 가른다

입시전략의 중요성

 현행 입시제도는 과연 누구를 위한 것인지 도무지 알 길이 없다. 학생과 학부모들은 복잡한 입시제도로 신음하고 있고, 대학들은 나날이 더 복잡한 누더기 입시요강을 발표하고, 입시컨설팅 업체들은 근거도 없는 컨설팅으로 돈을 벌고, 교과부는 두 손 놓고 있는 듯하고, 대교협은 백과사전수준의 요강모음집을 제공하고, 선생님들은 감당 안 되는 입시요강에 고통받고 있다. 이 말도 안 되는 게임에서 득 보는 측은 대학과 컨설팅업체 정도이다. 연고대 수시에 13만 명이 지원했다고 한다. 전형료 수입이 도대체 얼마인가. 컨설팅업체는 경기불황에도 불확실성 해소 목적의 소비를 받아 내고 있다. 재미있는 건 회사마다 결과치가 다르다는 점. 그나마 대형업체가 이 정도니 개인 사설업체의 수준은 불 보듯 뻔하다. 그래도 학부모는 돈을 지불한다. 점집과 다를 바 없는 수준이다. 마음의 위안이 목적인 듯하다. 우리 애가 붙은 대학을 찍어준 회사가 최고라고 소문이 난다. 이게 무슨 과학적 분석인가? 그냥 원숭이에게 하나 찍어 달라고 하는 게 낫지 싶다. 그래도 돈을 싸들고 오니 장사꾼들이 놓칠 리가 없다.

솔직히 현행 우리나라 대학입시제도는 22세기형 최첨단 스타일이다. 대한민국의 특성상 아직 선진국이 아니라는 의식구조 때문에 다분히 선진외국의 사례 도입에 열을 올리는 방향으로 국가의 정책 기조가 흐르고 있다. 당연히 입시나 교육제도도 선진외국을 열렬히 탐색했을 것이며 유럽식 논구술, 일본식 본고사, 미국식 SAT와 입학 사정관제를 몽땅 수입해서 거대한 짬뽕을 한 그릇 만들어 냈는데, 그게 바로 수능 + 내신 + 논구술 + 서류 형태라는 죽음의 사각형식 대한민국 대입제도다.

한마디로 선진외국조차 한두 가지 형태를 활용하는 데 비해 우리나라는 그런 선진외국이 쓰는 기법을 총동원해서 흉물스런 22세기형 미래지향적 융합형 입시제도를 탄생시켰다. 그 어떤 선진외국에서도 유래를 찾아볼 수 없을 만큼 복잡하다. 여기에 고통받는 건 오로지 학부모와 학생인데 그걸 알기는 하는지, 아니 신경이라도 쓰는지 모르겠다.

게다가 대학자율화라는 미명 아래 대학마다 학과마다 전형방식이 넘쳐난다. 서울시내 상위 10개 대학 경영학과만 입학하는 방법이

97가지요, 전국 한의학과가 개설된 11개 대학의 입학방법이 76가지다. 이쯤 되면 앞으로 같은 대학을 나온 한의사라고 해도 정확히 물어봐야 할 판이다. '어느 대학, 어느 전형 방식으로 들어가셨습니까?'라고.

입시가 복잡해지는 원인에 대해서는 여러 가지 분석이 있다. 우선 기득권에게 유리하게 하려는 의도가 가장 많이 읽힌다. 복잡한 제도 아래 그걸 뒷바라지할 수 있는 기득권층은 훨씬 수월하게 대학에 진학한다는 논리다. 또, 복잡한 입시제도 아래서 학부모들이 도저히 자녀 교육 외에 어떠한 고민도 하기 어렵게 함으로써 정치 무관심을 유도한다는 해석도 있다. 이 말을 듣고 무릎을 쳤다.

개인적인 분석으로는 입시제도가 복잡해지고 전형방법이 다양해지는 이유는 대학의 기업화 때문이라고 본다. 요새 대학은 기업이라고 보면 된다. 무슨 말인지 알고 싶다면 주변에 있는 대학을 한 번 방문해 보라. 바로 느낄 수 있을 것이다.

그렇다면 대학이 어떤 인재를 뽑고 싶은지는 기업이 어떤 인재를 뽑고 싶은지를 기준으로 생각해 보면 명확하다. 기업은 돈이 되거나 실력이 있거나 명분을 세워 주는 인재가 필요하다. 따라서 기여입학 제도는 형태를 달리 해서 적절히 포장되어 도입될 날이 멀지 않았다. 그렇지 않고서는 반값등록금은 어렵다는 논리와 함께.

수시에서 특기를 반영하는 전형이 늘고 내신이 절대평가로 바뀌고 수능우선 선발이 늘고 있다. 실력 있는 학생(여기서 실력은 내신이 아닌 다른 분야의 실력)을 뽑겠다는 의지다. 고등학교 실력이 대학 실력을 보장하는 것이 아님에도 대학은 이런 방향으로 가고 있다. 다양한 기회균형선발이나 농어촌 특례, 외국거주자 특례, 입학사정관 방식 등등은 명분을 세워 주는 형태다. 정리하면 우리 대학이 아니라 우리 회사에 득이 되는 인재가 필요한 것이다. 그게 돈이든, 실력이든, 명분이든.

최근 개천 용이 없다는 푸념이 여기저기서 나온다. 결과가 아닌 기회의 평등이라고 수업시간에 배웠던 가치가 점점 퇴색하고 있다. 일반인들이 개천 용이 되고자 하는 노력이 부담스러워 개천 용이 없다는 말로 합리화하는 것이라는 자조 섞인 분석도 나온다. 심지어 젊은 여성들이 개천 용 스타일의 남성을 배우자로 기피한다는 말도 있다. 결혼한 사람은 용이지만 주변이 여전히 개천이라서 그렇다나.

심화되는 양극화와 물질만능주의가 문제라고 생각된다면 당장 입시제도부터 질적으로 개선해야 한다. 개천 용이 다시 대접받을 수 있도록 말이다. 당장 주변국인 일본만 해도 서울 강남에 해당되는 곳을 말해 보라고 하면 못한다. 그런 곳이 여러 곳이고 서로 분위기가 달라서 하나로 단정 지을 수가 없단다. 그만큼 고르게 발전된 것이 선진국이다. 우리처럼 특정 지역만 발전되면 선진국으로 가기엔 부족하다. 그 시작점이 교육이고, 입시제도이다. 입시제도의 간소화는 양극화를 해소하는 출발점이 될 것이다.

어쨌거나 현실은 그렇다 치고 당장 고2 학생들은 어떤 전략으로 이 복잡한 입시제도를 헤쳐 나갈 것인가? 먼저 14학년도부터 몇 가지 수정 사항들이 있다. 수능 시험의 각 영역 명칭이 변경된다. 언어/수리/외국어 형태의 구분이 국어/영어/수학으로 변경되었다. 국어와 영어의 문항 수가 줄었고, 난이도에 따라 A/B의 두 가지 유형 중 선택할 수 있도록 했다. 영어의 듣기평가가 50%로 확대된다. 탐구는 2개 선택으로 변경된다. 사회탐구는 근현대사와 국사가 통합되어 한국사로 변경된다. 그밖에도 국어듣기 평가 삭제, 사탐과목의 지각변동 등이 있다.

우선 명칭 변경은 별것 아닌 것처럼 생각하기 쉽지만 보다 교과서 지향적이고 학교 수업 지향적으로 바뀐다는 암시일 수 있다. 기존의 수능문제가 학교 수업 내용을 바탕으로 사고, 추론, 이해력 등을 평가했다면 이제는 학교에서 받은 국/영/수 수업을 얼마나 정확히 알고 있는지를 평가하는 식으로 문제의 분위기가 변경될 가능성이 보인다.

국어와 영어의 문항 수 감소는 독해에서 시간이 많이 걸리던 학생들에겐 희소식이지만 문제 자체의 난이도 증가가 우려되므로 꼭 좋은 소식만은 아닐 것이다. A/B선택의 경우 대학들마다 자체적인 선택 제한 기준을 들이댈 것이므로 사실상 의미는 없다. 다만 기준에 따른 다양한 복수지원 가능성이 줄어들 것으로 예측된다.

영어 듣기평가 비율 증가는 니트 시험 연착륙 목적으로 해석되는데 학생들의 부담이 늘어날 것이다. 또한 니트를 감안할 때 기존보다 듣기평가 난이도가 상승할 것으로 예측된다. 이에 듣기평가를 너무 소홀히 하지 말아야 한다. 탐구영역의 선택이 2개로 줄어든다면 과목 수 감소로 인해 선택한 과목에 따른 학생 간 유불리 편차는 더 심해질 것으로 보인다. 가급적이면 빨리 선택과목을 확정하고 탐구영역 공부에 더 신경을 써야 한다.

향후 수시는 더욱 확대될 것으로 예상되며 이것은 곧 논구술 및 서류 스펙의 중요성 증가로 이어지게 된다. 고2 입장에서 갑자기 논구술이나 서류 스펙을 준비하는 것은 굉장히 부담스럽겠지만, 아예 손 놓고 수능/내신만 바라보기에는 제도가 호락호락하지 않다. 이전보다 더 이른 대학/학과 선택 및 전형방법 분석과 대비의 시작이 필요해졌다. 상위권 10개 대학의 경영대학 입학방법이 97가지다. 한의예과 11개 대학의 전형방법이 76가지다. 미리 정하고 준비하지 않는다면 하늘의 별처럼 많은 전형방법 중에 자신에게 맞는 것을 고르기란 말 그대로 하늘의 별따기가 될 것이다. 현역에겐 괴로운 일이겠지만 가능한 한 '수능/내신 + 논구술 + 서류 스펙'의 세 가지 방향성을 모두 고려한 입시전략을 더 늦기 전에 수립하도록 하자.

이해가 암기를 이긴다

이해와 암기 간의 밸런스

 　　중학교와 초등학교 공부는 솔직히 암기가 이해를 이긴다. 이 시절에 이해는 어찌 보면 사치스러울 수 있다. 속도도 더디고 결정적으로 초중등 학교시험에 맞지 않다. 그래서 주변 아이들과 상담해 보면 평소에 공부는 잘 이해하고 열심히 하는데 시험 전에 상대적으로 꼼꼼히 공부하지 않는 아이가 벼락치기하는 아이보다 시험을 못 보는 경우를 본다. 부모는 속이 타들어간다. 거기에 더해서 남들에게 설명은 잘 해주는데 성적은 설명 들은 애가 더 좋은 경우도 본다. 부모는 도무지 납득이 가지 않을 테지만 초중등 시절의 공부는 충분히 그럴 수 있다. 다행스러운 것은 고등학교 공부는 다르다는 점이다.

　　고등학교 공부에서는 이해하지 않고서는 버티기가 어렵다. 암기한 대로 시험문제가 단순하게 나오지도 않고, 이해하지 않은 암기는 효력이 짧아서 금세 증발하므로 내용이 갈수록 누적 적층되는 고등학교 시험에는 먹히지 않는다. 그나마 고1 때는 버틸 수 있지만 고2 부터는 범위도 넓고 어려운 데다가 배운 내용도 많아서 단순히 암기하기에 분량이 많고 난이도가 높다.

결국 '이해를 바탕으로 한 암기 + 선이해 후암기' 방식의 공부가 정착되어야 좋은 성적을 올릴 수 있다. 이것은 비단 수학이나 과학과목만의 문제가 아니다. 영어에서 문법공부가 그런 특징을 가지며 사회 교과에도 적용된다.

이해만 하라는 것도 아니고 암기가 필요 없다는 뜻도 아니다. 이해가 수반된 암기, 고민이 수반된 반복 풀이, '왜'를 추구하는 내용 숙지라야 고등학교 공부를 버틸 수 있다. 특히 고2 때는 진도가 빨라지고 내용이 축적되면서 마음이 급해서 더욱 암기 위주로 공부할 공산이 크다. 결국 그런 선택이 스스로 공부를 더 힘들게 한다. 아무리 급해도 무비판적으로 내용을 받아들이고 외우려고 덤비면 공부는 더 멀리 도망간다.

이해는 기존의 배경지식을 바탕으로 새로운 지식을 자신에게 맞게 쪼개 넣는 과정이다. 그래서 기존의 배경지식이 넓은 학생은 그만큼 이해가 쉽다. 그리고 이해가 잘 되니까 암기를 억지로 할 필요가 없고, 자연스럽고 쉽게 된다. 그러나 기존 배경지식이 넓지 않으면 이해가 잘 안 되다 보니 새로운 정보를 무작정 암기해야 한다. 이것이 상위권은 더욱 상위권이 되고 하위권은 더욱 하위권이 되는 결정적인 이유다. 빈익빈 부익부 현상과 똑같다.

고등학교 공부에서 이런 현상은 더욱 심화된다. 암기할 양이 더욱 늘어나고 이해할 재료들도 수준이 높아지다 보니 배경지식이 미천하면 이해하기는 더욱 어렵고 억지로 외우려고 해도 양이 너무 많아서 감당이 안 되는 것이다. 그래서 단숨에 따라잡기가 불가능해지고 타임래그를 이겨 내야만 성적이 오르는 것이다. 그 타임래그 동안 쌓이는 것이 바로 이러한 배경지식 즉 '기반'이라 불렀던 바로 그것이다. 이런 기반이 채워지고 커져야 비로소 이해가 쉬워지고, 이해가 시작되면 암기가 쉽고 빨라진다. 이런 선순환의 고리는 성적향상으로 이어지고 한 번 선순환에 들면 깨지기 어려우므로 잠시 공부에서 멀어져도 당장 표면으로 드러나지 않는다. 그러나 선순환이 중단될 정도로 공부에서 멀어지면 비로소 성적에도 빨간 불이 켜지고 성적하락에도 타임래그가 발생한다.

앞서 설명한 고1, 2, 3 간의 밸런스도 어찌 보면 이해와 암기의 문제였다. 고1, 2 때 암기만으로 덤비는 지엽적 공부를 하면 포괄적 시험이 시작되는 고3이 어려워지고, 힘들어도 이해하려고 애쓰면 고3이 수월해진다. 과목 간의 밸런스도 암기 위주의 영어나 국어 과목보다 이해 위주의 수학과 과학 과목이 먼저 해결돼야 공부가 쉬워진다. 기본서를 충실히 보라는 교재 간의 밸런스도 이해 위주의 공부에서 나온 설명이며, 내신(암기와 정리)-수능(이해와 추론, 사고)-논구술

(논증과 창의적 문제해결)의 밸런스도 결국엔 암기식 내신위주 공부에만 빠지지 말라는 차원에서 나온 얘기다. 결국 이번 장에서 다룬 모든 내용들이 암기와 이해의 밸런스라는 하나의 주제로 귀결된다. 고1 때 중학교식 암기 위주 방법으로 실패했다면 고2부터는 이해식 공부를 시작해 보자. 그래야 고3을, 나아가 논구술과 수능을 종합적으로 대비할 수 있으며 이것이 바로 고교식 학습의 핵심이다.

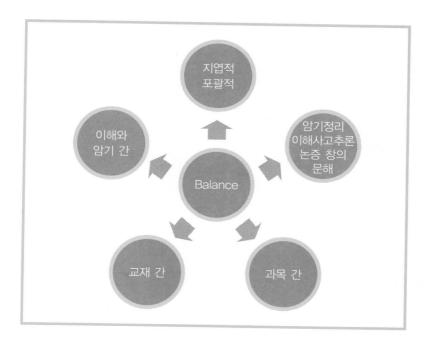

Part 3

고3을 바라보는
수능 공부의 일반론

청년들에게 가장 중요한 과제는 배움이다.
배워라, 배워라, 또 배워라.
                    – 레닌

모의고사와
실전 수능은 다르다

현명한 시험 전략

대학생들의 공부 수기를 읽어 보면 고등학교 저학년 때부터 모의고사 문제집을 풀어 본 것을 자랑스럽게 써놓은 경우를 흔히 본다. 모의고사 문제를 풀어 보는 것의 장점도 있다. 공부의 방향성을 잡아 준다는 측면이나 실전의 느낌을 알아보는 용도로 쓰면 매우 훌륭한 방법이다. 그러나 모의고사 풀기를 반복해서 점수를 올리겠다는 순진하고 편리한 생각은 당장 버려야 한다. 모의고사 문제집을 많이 풀면 모의고사 점수는 올라갈 수 있다. 그러나 실전 수능에서 점수 향상은 보장할 수 없다.

실전과 모의시험은 그 성격이 전혀 다르다. 모의고사는 불가피하게 변별을 위해 핵심을 벗어난 이상한 문제나 애매한 문제를 출제한다. 또 그런 문제의 해답을 엄밀하게 검증할 여유도 가치도 없다. 그래서 요상한 내용이나 문제 유형에 익숙해질수록 점수가 향상된다. 그러나 실전 수능은 출제진과 검증진의 자존심이 걸려 있기에 최선의 고민을 다해 엄선한 문제가 나온다. 당연히 핵심을 벗어난 내용을 출제하기 어렵다. 중요한 내용을 제대로 공부해서 정확히 맞추는 능력이 힘을 발휘한다.

특히 모의고사에 임하는 학생은 시험이라 긴장은 하겠지만 실전 수능의 그것과 비교할 것이 못된다. 실전에서는 하나라도 틀리면 불합격 혹은 등급 저하라는 불안감이 있기 때문에 대범하게 풀기가 어렵다. 그래서 아는 문제도 놓치거나 시간을 제대로 들여서 풀지 못하고 시험 페이스가 말리는 경우가 잦다. 그러나 모의고사는 틀리면 할 수 없지 식의 심리로 별표도 잘 치며 넘어가고 찍기도 쉽다. 그만큼 아는 문제를 다 맞힐 확률이 크다는 뜻이다. 모의고사 때 잘하던 애들이 실전에서 망하거나 모의고사 때보다 실전에서 대박 나는 일은 바로 이런 이유에서 발생한다. 실전 상황에서 누가 더 침착하고 대범하게 문제를 푸느냐가 엄청난 점수 차를 불러온다.

그렇기에 고3을 목전에 둔 고2라면 모의고사 문제집 활용에 신중을 기해야 한다. 학생들 입장에서는 공부하기도 애매하고 기본서 읽기는 부담되고 일반 문제집은 어느 정도 풀었기 때문에 다시 풀기도 싫고 해서 모의고사 문제집에 손을 댄다. 그러나 문제의 퀄리티, 핵심내용과의 관련성 등을 고려할 때 공부 완성 도중에 있는 고2 중반까지는 모의고사 문제집은 그냥 무시하는 편이 좋다. 고2 후반기(가을)부터 본격적인 문제 확장이 시작될 때 모의고사 문제집을 풀어 보고 취약점이나 취약 과목을 찾는 용도로 쓰는 것이 좋다. 그 과정에서조차도 모의고사보다는 기출문제집을 더 추천하고 싶다. 제일 좋은 물건을 두고 일부러 나쁜 물건을 쓸 이유는 없지 않은가.

고2 도중에 보는 모의고사 결과도 그 용도에 맞게 활용해야 한다. 우리는 실전 수능을 잘 보기 위해서 공부하는 것이지 모의고사를 잘 보려고 공부하는 것이 아니다. 그럼에도 불구하고 모의고사 직전에 그에 맞춰 공부하는 것은 어리석은 일이다. 각각의 모의고사 점수를 올리기 위해 애쓰다가 괜히 본인의 공부 리듬만 끊기면 결국 최종 목표를 도달하는 데 별 도움이 되지 않는다. 부산에 빨리 가려면 부산으로 직행하는 KTX를 타야지 천안-대전-대구에 모두 정차하는 무궁화로 탈 이유가 없다.

모의고사를 볼 때 점수 올리기에 급급한 것은 의미가 없지만 다른 이유로 활용한다면 유용할 방법이 있다. 모든 시험에는 전략이 있어야 한다. 몇 번 문제까지 푸는 데 어느 정도 시간 안에 주파한다는 원칙이 있어야 한다. 몇 분 남기고 다 풀고 어떻게 다시 풀 건지, 혹은 별표 친 문제는 언제 다시 풀 건지, 마킹은 언제 할 건지, 헷갈리는 문제는 어떤 원칙으로 풀 건지 등등의 작전이 있어야 시험에서 당황하지 않는다. 이런 작전들은 실전 수능 전에 갑자기 세운다고 써먹을 수 있는 것이 아니다. 따라서 평소 모의고사 때마다 이런 것들을 바꿔 가면서 나에게 가장 잘 맞는 방법을 찾아야 한다.

예습과 복습,
고2도 예외가 아니다

예습과 복습의 진짜 의미

 학원 과외 안하고 국·영·수 교과서 위주로 예
습과 복습을 철저히 했다는 수석들의 인터뷰는
일반 학생들의 가슴을 후벼 판다. 그 단조롭고 식상함에 치가 떨리지
만 그런 인터뷰조차 아무나 하는 것이 아니기에 뭐라 저항하기도 힘
들다. 중요한 건 하고 많은 학생 중에 왜 하필 그 학생이 인터뷰를 했
느냐다. 수능을 전국 수석 했으면 비법이나 뭐 대단히 오묘한 기술이
라도 말해 주면 좋으련만 초등학생도 다 아는 얘기를 하고 있으니 속
이 터질 노릇이다.

그러나 다시 생각하면 인터뷰에 나와서 학원 과외 수업을 열심히
받고, 어려서부터 온갖 선행학습과 학습지 문제집으로 공부를 도배
했다고 말할 수도 없지 않겠는가. 오히려 요즘 같은 분위기에서는

'학원 과외 안하고 국·영·수 교과서 위주로 예습과 복습을 철저히 했다'라는 얘기가 더 특이할지도 모르며 그러니까 인터뷰를 했는지도 모르겠다. 아니 전국에서 그 원칙을 가장 잘 지킨 학생이기에 나와서 그렇게 인터뷰하는 것일 수도 있다. 그만큼 요즘 학생들의 평소 자기주도학습 능력은 처절할 만큼 저하되어 있다.

전국 수능 성적을 소지역 단위로 평균을 내보면 어이없게도 강남서초가 가까스로 20위권 안에 들고 의외로 부산연제구, 경기과천시, 전남장성군이 모든 과목을 전국 탑5 안에 든다. 이런 통계 앞에서 어떤 교훈을 얻어야 할까? 그 많은 사교육비와 온갖 검증되지 않는 소위 '시스템'으로 아이들을 굴려도 강남서초는 5등 안에 들지 못한다. 공부 좀 하고 부모의 관심이 좀 유별난, 경제 여건이 허락되는 아이들이 일부러 전학을 가서 공부하는데도 말이다.

예습과 복습을 철저히 했다는 말은 쉽게 내뱉을 수 있는 말이 아니다. 건강을 위해서 채소와 과일을 많이 먹고 운동하고 잠을 충분히 자고 스트레스 받지 말라는 말과 같은데, 이것이 세상천지 21세기 현대인에게 가당키나 한 얘기인가? 그 어려운 과제를 해냈다면 당연히 신문이나 TV에 나올 만큼 어려운 일이라는 말이다. 대부분의 사람들은 예습은 학원 선행학습이 다 해결해 줄 것이라 믿는다. 복습은 학원에서 시험 전에 소위 '빡세게' 반복 풀이 훈련을 시켜 주는 것이 최고라고 믿는다.

그런데 예습과 복습을 철저히 하기 전에 한 가지 조심할 것이 있다. 우리는 과연 예습과 복습의 진짜 의미를 알고는 있을까? 예습부터 생각해 보자. 다들 예습을 미리 공부해서 내용을 이해하는 것으로 생각할 것이다. 보기 좋게 틀렸다. 예습은 미리 보고 내용을 잘 모르고 궁금해하라고 하는 것이다. 예습만으로 다 알면 수업을 들을 이유가 없다. 예습을 해서 잘 몰라야 수업시간에 듣는 선생님 말씀에 감사하고 이해가 되고 집중하게 된다. 원래 수업은 궁금한 사람에게만 들리는 법이다. 궁금하지 않은 자가 집중할 수 없다.

그래서 선행학습이 제일 나쁘다. 예습을 통해 '아는 것 같다' 라는 느낌만 주기 때문에 안 좋다. 예습을 했으면 '잘 모르겠다' 라는 상태가 돼야 좋다. 혹은 예습을 해서 '정확히 알겠다' 라는 상태가 되든가. 그러면 수업이 복습이 될 테니까. 근데 '아는 것 같다' 라는 느낌은 알지도 못하면서 안다고 믿는 상태를 뜻하고, 결국 수업을 안 듣고 까불거나 수업시간에 조는 원인이 된다.

복습의 의미도 생각해 보자. 복습은 수업 때 배운 내용을 혼자서 공부해서 익히고 내 것으로 만드는 과정이다. 아무리 비싼 과외를 받아도 이 과정을 생략할 수는 없다. 결국엔 스스로 머릿속에 넣어야 한다. 그런데 이 과정에서 필수적으로 요구되는 능력이 바로 읽고 이해하는 능력이다. 문장을 읽고 이해해서 집어넣는 과정은 과목을 불문하고 요구된다. 이때 읽고 이해하는 과정이 싫고 불편하고 어렵거나 귀찮다고 여긴다면 공부를 잘하기란 어렵다. 또 그런 느낌의 원인은 용어나 어휘의 의미를 모르거나 정확하게 알고 있지 않기 때문이다. 어휘나 용어를 모르면 문장이나 설명이 이해가 안 되고 글이 정확히 이해되지 않으니 읽고 이해하는 과정을 회피하고 싶을 수밖에 없다. 복습의 출발점은 기반이 되는 어휘나 용어의 이해이고 이를 확장한 글을 읽고 이해하는 능력이다. 가끔 숙제만 하면 복습이 된다고 믿는 학생들이 있는데 공부의 기본이 덜 된 것이다. 그건 복습이 아니라 숙제임을 잊지 말자.

고2쯤 됐으면 이제 정신 차리고 예습과 복습을 해보자. 이제 얼마 안 있으면 예습도 사라지고 복습만이 풍성한 고3 공부가 기다리고 있다. 더 늦기 전에 예습과 복습을 철저히 해야 한다. 특히 예습에 많은 시간을 쓸 필요도 없다. 맛만 보고 궁금증을 느끼게 만드는 것이 목적이니까. 복습은 미루지 말고 하자. 혼자서 끙끙대며 배운 내용을 익혀 보자. 숙제만 하는 초등식 공부습관을 버리고 말이다.

공부 계획만 거창하고
실행을 못한다면?

스터디 플래너 활용하기

고2쯤 되면 공부 매너리즘이 올 만도 하다. 앞뒤 안 보고 달려온 고1을 뒤로 하고, 두려운 고3을 앞두고, 나른한 고2에게 타성에 젖은 일상화된 공부는 매너리즘에 빠질 최상의 조건이다. 매너리즘을 어떻게 벗어날지 고민이라면 계획을 세워 보자. 계획을 세우는 행위 자체만으로도 공부에 대한 의욕과 긴장감을 만들 수 있다. 고2쯤 돼서 세우는 계획이라면 하루나 일주일 계획으로는 부족하다. 한 학기나 방학, 그리고 고2의 1년을 보낼 장기 플랜까지 함께 있어야 한다. 구체적인 예는 마지막 장에서 더 알아보기로 한다.

공부 계획에 관한 고전적인 다툼이 있다. '촘촘히 세워야 시간 낭비를 안 한다 vs. 여유 있게 세워야 잘 지킬 수 있다' 중 어느 쪽이 정답일까? 이 경우는 원칙보다는 개개인 스타일의 문제 즉, 다양한 방법이 가능하다. 촘촘하게 세워서 다양한 주제와 소재들을 소화하는 것이 효과적으로 작동하는 학생도 있고, 현실감 있게 여유를 두고 세워서 확실하게 완성하는 방식이 맞는 학생도 있다. 많은 서울대생들은 후자를 선택했다. 계획 그 자체를 위한 계획을 조심할 것을 강조하고 있다. 계획은 수단이자 도구이지 그 자체로 목적이 아니다. 가끔 계획이 자체로 목적이 되는 목적전도현상을 보이는 학생들이 있다. 이런 경우 조밀한 계획이 원인이었음을 많이 목격했다. 결국 실천량 면에서 떨어지는 것을 피할 수 없다. 여유 있게 즉 현실적인 계획을 세우고 확실하게 실천하는 것이 좋은 방법이다. 그러나 학업성취도가 떨어지는 학생에게는 여유 있게 몇 개만 계획을 세워주면 긴장감을 못 느끼고 금세 지루해하는 약점이 있다. 이런 경우라면 보다 촘촘히 여러 개의 계획을 세우는 방법을 쓸 수도 있다.

마트에 장을 보러 가는 어머니도 오늘 무엇을 사고 얼마를 쓸지 계획하는데 하물며 일생일대의 중차대한 고등학교 공부에서 어찌 계획 없이 공부를 잘할 수 있겠는가! 장기 계획부터 짤 것인지 단기 계획부터 짤 것인지는 취향의 문제겠지만, 굳이 원칙을 따진다면 장기 계획을 먼저 세우고 중단기 계획을 뽑아내는 방식이 일반적이다.

예를 들어 고2 시절 포인트를 잡는다면 '수학의 마무리와 문제 확장', '영어 안정권에 올리기', '언어 비판적 문제풀이의 시작', '탐구영역을 위한 책 정리와 문제풀이 시작'. 이런 테마를 정하고 교재를 선정하고 범위를 나누고 구체적 목표를 잡는 과정이 있어야 한다.

고등학교에 진학해서 학교 진도 따라가기에 급급했거나 학원 선행 진도 따라가기에만 급급했다면 이제 숨을 돌리고 장기 계획부터 세워 보자. 공부는 덤비면 덤빌수록 도망치는 속성이 있다. 계획 없이 공부하는 것이 공부에 덤비는 대표적인 행위다.

반대로 계획만 거창하고 실천을 못하는 고민도 말 못할 고민 중에 하나다. 완벽한 계획을 세우고 이제 실천만 하면 된다고 책상에 앉았는데 계획과는 딴판인 자신을 만나면 공부에 대한 한없는 고민이 생긴다. 당연한 얘기지만, 계획을 짜면 시작할 힘은 생기되 끝까지 완수를 보장해 주지는 않는다.

그렇다면 실천하는 힘은 어디서 나올까? 쉽게 말하는 동기부여가 그것일 텐데, 가끔 동기부여 강사라는 사람들의 꿈, 목표 운운하는 모습을 볼 때마다 학생들의 매일매일의 공부를 알고서 하는 얘기인지 의심스러울 때가 있다. 스키장에서 스키를 배울 때 상급자 코스에서 멋지게 내려오는 나의 모습을 그려 보면 갑자기 스키가 타고 싶어지는가? 아니면 얕은 경사에서부터 차근차근 스키 타는 법을 배우고 스스로 타 보고 넘어지고 시행착오 끝에 어느 정도 내려올 수 있을 때 타고 싶어지는가? 이건 너무 상식적인 문제다.

장기적인 비전을 가지고 몇 년 후에 올바른 곳에 도달하기 위해서는 물론 꿈과 목표가 중요하다. 그러나 매일매일의 공부를 이끌어주는 힘은 꿈과 목표만 가지고서는 어렵다. 척박한 개천에서 나온 용

같은 학생 몇은 그런 꿈이나 목표가 힘들고 어려울 때 큰 힘이 되어 주겠지. 그러나 보통의 평범한 가정에서 부모님 뒷바라지 속에서 살아가는 일반적인 중고생이 내 꿈과 목표 덕에 하루하루가 너무 신나서 가슴 벅차거나 눈물 젖은 빵을 먹으면서도 이겨 낼 수 있는 동기가 될 수 있을까? 어불성설이다.

이런 일반적인 사람에게 동기부여란 스스로 공부를 해보고 힘들어도 참아 내고 그렇게 시험을 봤더니 성적이 진짜 오르고, '나도 하니까 되잖아' 라는 용기나 자신감 비슷한 것이 생겼을 때 비로소 더 잘해 보고 칭찬받고 싶은 욕구가 자라나는 것이다. 그런 욕구가 하루하루의 공부를 이끄는 진짜 힘이 된다.

정리해 보자. 공부할 마음이 희박해지면 주저 없이 계획부터 점검해 보자. 계획을 세우고 어영부영 하고 있다면 묻지도 따지지도 말고 일단 시작하자. 그래서 스스로 해보고 도전해 보자. '나도 하니까 되는구나' 그런 마음과 용기가 생길 때까지만 참아 보자. 꿈, 목표는 그러고 나서 세워도 전혀 늦지 않다. 그것이 없어서 책상에서 어영부영하는 것이 결코 아니다. 자신에 대한 믿음과 긍지, 그리고 자신감이나 용기가 더 필요하다. 매일의 공부에서는.

다음 그림은 학생들이 쓰는 스터디 플래너이다. 잘한 점과 부족한 점을 알아보자.

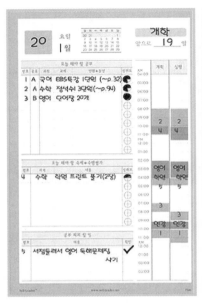
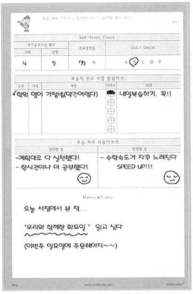

　　스터디 플래너 중에 일일계획에 대한 예시인데 먼저 잘한 점을 알아보자. 처음 페이지에서 그날 공부할 내용을 분량 단위로 작성하고 우선순위와 달성도를 체크한 것까지 아주 좋다. 그러나 다음 페이지에는 자기반성의 코멘트들을 적은 것까지는 좋은데 공부한 내용에 대한 비판적인 점검이 빠져 있다. 즉, 고2 학생의 계획표로 보기엔 수준이 낮고 자기평가 부분이 생략되어 있다는 것이다. 적어도 EBS 국어를 풀었으면 내가 자주 틀리는 문제 혹은 헷갈리는 문제의 원인을 적어 본다든가 수학 정석 책을 풀었으면 오늘 푼 문제 중에 자기 전에 다시 한 문제를 풀어 봤는데 풀리더라 혹은 안 풀리더라 하는

평가를 해야 한다. 영어 단어 20개를 외웠다면 영어로 생각나는 단어를 적어 본다든가 다시 20개를 체크해 보니 7~8개는 까먹었다라든가 하는 식의 평가가 필요하다. 계획을 짜고 달성하는 것만이 목적이 아니라 평가하는 것까지를 포함해야 진정한 스터디 플래너다.

자투리 시간 공부로 10점 올리기

자투리 시간 활용법

쉬는 시간이나 점심시간에 공부하면 아마 '찌질이'라고 놀림을 받을지도 모르겠다. 인생은 재미있게도 나중에 그 찌질이가 우리 회사 사장님이 된다. '학교 때 공부 좀 할걸' 하는 후회를 실컷 하고 싶으면 쉬는 시간이나 점심시간, 등하교 시간 같은 자투리 시간 정도는 쿨하게 허비하도록 하자. 아마 폭풍 후회가 적어도 20~30년간 지속될 테니까. 무슨 공부를 자투리 시간까지 아껴 가면서 하느냐는 생각이 든다면 그 생각부터 바꿔 보자. 자투리 시간까지 아껴 가며 공부하는 자세가 성적을 변화시킨다는 마인드를 가지면 불가능해 보이는 성적 향상은 현실이 된다.

자투리 시간에 무슨 공부를 해야 할까 고민된다면 이해하거나 암기하는 공부보다는 문제를 풀자. 문제 푸는 방식의 공부는 내용을 이해하거나 암기하는 공부에 비해 순간적인 집중을 하기가 쉽고 짧은 호흡으로 공부할 때 안성맞춤이다. 이해하거나 암기하는 식의 공부는 정식으로 자기 공부를 할 때 충분한 여유를 가지고 해야 효과적이다.

이것은 입력과 출력의 차이로 볼 수도 있다. 시험 준비기간에 공부하는 동안(입력)에는 지루하고 졸리고 힘들고 집중하기도 쉽지 않을 것이다. 그러나 시험 보는 동안(출력)은 눈에서 빛이 난다. 전날 밤을 새우고 공부를 했는데도 시험 보는 순간만큼은 집중한다. 심리나 자세의 차이일 수도 있지만 공부에서 입력과 출력의 차이로 볼 면도 있다. 입력은 그만큼 없던 것을 집어넣어야 하므로 집중하기 어려운 반면, 출력은 이미 가지고 있는 것을 꺼내 쓰는 것이므로 집중이 용이하다.

만약 자투리 시간에 할 공부를 미리 정해 두지 않았다면 그날 수업시간에 배울 내용을 미리 보고 질문거리를 만드는 것도 좋다. 다음 시간에 배울 내용을 미리 읽어 보고 궁금한 점을 찾아보는 활동은 수업시간에 집중할 수 있는 여지를 만든다. 수업을 들어야 할 이유가 명확하니까. 학생들과 상담을 해보면 수업시간에 집중할 수가 없으니 방법을 알려 달라는 요구를 할 때가 많다. 제일 좋은 방법이 바로 이 방법이다. '수업 전에 예습 차원의 궁금증 만들기.' 할 일이 없고 궁금한 게 없는 사람이 어찌 수업에 집중하겠는가.

학생과 학부모가 뒤섞인 강연에서도 쉽게 이런 현상을 발견할 수 있다. 청중 중에 학생과 학부모가 섞여 있으면 누가 더 집중할까? 볼 것도 없이 학부모다. 내 이야기의 내용은 정작 학생들을 위한 것임에도 불구하고 어머님들 눈에서는 레이저가 나오는데 아이들 눈은 어폐류 수준이다. 어머님들은 자녀 교육을 하면서 궁금증이 쌓여 가고 시행착오를 반복하면서 관심이 생기다 보니 내 강의가 너무 고맙고 귀중하게 느껴지는 모양이다. 그러나 학생들, 특히 엄마가 억지로 끌고 온 아이들은 죽겠다는 표정이다. 그 와중에도 눈에서 빛이 나는 학생들이 있다. 제 발로, 혹은 어머니의 설명을 듣고 필요함을 느껴서, 아니면 적어도 억지로 왔더라도 내 강의를 듣다 보니 평소 궁금하거나 답답했던 내용을 속 시원히 설명해 주는 것 같아 집중하게 되는 케이스라 하겠다. 이 안에 들지 않는 학생들은 상태가 말이 아니다. 이게 바로 예습을 통해 궁금증을 만든 사람과 그렇지 않은 사람의 큰 차이다.

억지로 시간 내서 예습할 여유가 없다면 이제 당장 자투리 시간을 예습의 기회로 삼자. 짧은 시간 동안에 문제 푸는 연습이라도 해 보자. 특히 초기 집중력이 없는 학생들도 문제를 푸는 식의 공부를 하면 도움이 된다. 읽고 이해하고 암기하는 것은 어느 정도 머리가 예열되고 나야 할 수 있는 공부다. 자투리 시간에 적합한, 예열 전에도 빨리 뜨거워지는 방식이 바로 문제 풀기다.

더군다나 고2가 되면 가뜩이나 공부할 시간도 부족한데 자투리 시간마저 허송세월하면 정말 시간 부족에 허덕이게 된다. 가급적 자습시간에는 이해와 암기를 위주로 공부하고 자투리 시간이나 졸린 시간에는 문제풀이로 이겨 내자. 그래야 현역으로서 그것도 고2에게 필요한 공부를 충실히 수행할 수 있다.

'아무리 해도'의 진짜 의미를 깨닫자

자기 수준에 맞는 공부량 찾기

학생들과 학습 상담을 해보면 '저는 아무리 해도 수학 성적이 오르지 않아요', 혹은 '저는 아무리 해도 영어 단어가 외워지지 않아요', '우리 애는 아무리 해도 언어영역 성적이 오르지 않아요' 등의 고민을 쉽게 만난다. 다들 '아무리 해도'라고 쉽게 말한다. 얼마나 해야 '아무리 해도'라고 할 수 있을까?

'아무리 해도'라고 쉽게 말해 버리는 학생들의 공부 상태를 실제로 점검해 보면 '이건 진짜 아무리 해도라고 말할 자격이 없는데' 하는 생각이 든다. '아무리 해도'라는 말은 공부에서 양과 질을 모두 채웠음에도 불구하고 생각만큼 결과가 나오지 않았을 때 할 수 있는 말이다. 순서는 양부터, 그다음 질이다. 양이 공부시간이고 질이 공부방법과 전략이다. 올바른 방법과 전략으로 자기 수준에 맞는 공부를 충분한 양으로 하면 누구라도 성적을 올릴 수 있고 공부를 잘할 수 있다는 것이 나의 믿음이다.

'아무리 해도'라고 말하는 고등학생의 학기 중 평균 공부시간을 보면 주당 15시간을 넘지 못하는 경우가 대부분이다. 상위권 고등학생들의 주당 공부시간이 평균적으로 30시간대임을 감안하면 일단 앉아서 공부하는 시간부터 살펴볼 일이다. 물론 시험기간에는 이 격차가 줄어든다. 그러나 방학이 되면 이 격차는 더욱 크게 벌어진다. '아무리 해도'라고 말하는 고등학생들의 방학 중 주당 공부시간이 여전히 15시간을 못 넘기는 데 비해서 상위권 고등학생들은 거의 50~60시간에 달한다. 결국 공부량의 격차는 방학 때 급격하게 벌어지고 학기 중에도 조금씩 벌어지고 있는 셈이다. '아무리 해도'라고 말하기 전에 우선 앉아서 공부하는 시간부터 확보하자.

'방법과 전략'면에서는 더더욱 큰 격차가 생긴다. '아무리 해도'라고 말하는 그룹의 공부법을 물어보면 일단 자기가 어떤 방법으로 공부하고 있다는 것 자체를 설명하지 못한다. 한 번도 그런 것을 생각해 본 적도 없고 어찌 해야 할까 발만 동동 구르는 경우가 태반이다. 또한 공부량이 충분치 않다 보니 이런저런 방법을 시도하고 자신에게 맞는 방법을 찾을 기회조차 없었다고도 해석된다. 공부법이나 전략은 자기 스스로 공부를 해보고 그 와중에 찾아가는 성질의 것이므로 공부량이 없다면 방법이나 전략은 당연히 없다고 보는 것이 옳다. 그러나 상위권 고등학생들은 자신의 공부법 및 전략에 대한 고민 과정, 그리고 알게 된 비법을 이미 인터넷상으로도 표현하고 있을 정도로 앞서나가고 있다. '오르비스옵티무스'라는 상위권 고등학생들 모임 사이트에 가보면 수많은 상위권 학생들이 자신만의 공부법이나 전략에 도달한 과정을 열정적으로 표현하고 있는 것을 발견하게 된다.

이를 정리해 보면, 일주일에 30시간 이상(방학 때는 50~60시간 이상) 스스로 공부해 보고 자신에게 맞는 방법이나 전략을 고민해 본 경험이 있음에도 불구하고 그것들이 먹히지 않거나 효과가 없을 때 할 수 있는 말이 바로 '아무리 해도'인 것이다. 그런데 재미있는 것은 이정도 공부하면 '아무리 해도'가 아니라 '해보니까 정말' 성적이 오르게 되어 있다.

나도 고2 시절에 성적이 춤을 추며 안정되지 않았던 경험이 있다. 한 번은 잘 보고, 다음 번에 못 보고 종잡을 수 없는 성적 탓에 울기도 많이 울었던 것 같다. 여러분은 영어 단어가 안 외워져서 울어 봤는가, 아니면 수학 문제가 안 풀려서 울어 봤는가, 아니면 언어영역 문제가 항상 헷갈리고 안 풀려서 울어 봤는가? 내가 정말 잘하고 싶고 진심으로 노력했음에도 불구하고 결과가 따라주지 않을 때 우린 마음속으로든 겉으로든 눈물 나게 분하고 억울함을 느낀다. 꼭 공부가 아니라도 진정 열정적으로 나를 완전히 몰입했는데 그 결과가 나의 노력에 미치지 못했다고 느낄 때 북받치는 감정을 느낀다. 그 정도면 '아무리 해도'라고 인정한다. 마냥 앉아서 걱정하고 답답해 한다고 문제가 저절로 해결되지 않는다. 그리고 남을 탓하거나 누가 도와줄 수 있는 성질의 문제도 아니다. 내가 해결해야 하고 내가 해결할 수 있는 문제다. 만약 그렇지 않았다면 교과과정에 들어올 수도 없었을 테니까. 보통의 학생이 충분한 노력으로 해결할 수 있는 수준이 여러분들이 준비하고 있는 수학능력시험이다. 그래서 '아무리 하면' 반드시 된다.

귀차니즘, 게으름, 의지 박약을 타파하라

공부의 3대 적

 얼마나 의지가 있는가와 실제로 얼마나 실천하는
가, 이 두 가지 지표에 의해서 그래프를 그려 보
면 대략 아래와 같은 그림이 나온다.

실천			
	매너리즘	몸빵	몰입
	의지 박약	보통人	허세
	게으름	귀차니즘	슬럼프
			의지

그래프 상으로 관찰하면 귀차니즘이나 게으름, 의지 박약은 평균 이하의 의지 또는 실천상태가 지속되는 것을 말한다. 특히 제일 무서운 것이 게으름인데, 게으름은 몸이 게으른 경우와 마음 혹은 정신이 게으른 경우로 분류할 수 있다. 몸이 게으른 경우는 신체적 움직임이 따라주지 못하는 경우이고, 마음이나 정신이 게으른 것은 '그냥 이대로 영원히 뭐 이렇게' 라고 바라는 심리에서 나온다. 어느 쪽이든 공부에서는 치명적이다.

보통 사람들은 두 가지 모두 평균 상태 정도에 머무르고 있다. 의지와 실천의 심각한 부조화 상태가 바로 매너리즘이나 슬럼프다. 몰입에 비하면 몸이 안 따라주거나 마음이 온전히 쏠려 있지 않은 상태라는 설명이 가능하다. 결론적으로 의지도 강하고, 그만큼의 과제를 수행하고 있는 것이 몰입 상태다. 일반인의 입장에서 몰입의 지속 기간이 학창 시절 전체를 커버한다고 장담하기 어렵다. 단기적인 몰입은 특정한 계기나 상황 혹은 자신의 관심이나 흥미 내지는 자신감 등에 의해서 촉발될 수 있지만 그것을 고2, 고3과 같이 극도의 스트레스 상황에서 지속되기를 기대한다는 것은 사실상 종교의 영역에 해당한다고 봐도 무방하다.

몰입까지는 아니더라도 가급적이면 의지와 실천의 두 가지 축을 효과적으로 만족시켜야 한다. 그러나 고2 시절은 의지도 평범해지고 실천도 평범해지기 쉽다. 평범한 수준이면 그나마 다행이다. 평범함 이하로 내려가면 귀차니즘-의지 박약-게으름의 상태까지 갈 수도 있다. 삼종 세트에 빠지면 한동안 답이 없다. 보면 알겠지만 공부에서 가장 힘든 것은 공부 내용도 아니고 교재나 강의도 아니며 결국 내 안에 있는 심리적 에너지인 의지력과 그것을 수행해 내는 신체적 에너지인 실천력의 조화에 있음을 알 수 있다.

그러나 말처럼 쉬운 일이 어디 있겠는가. 막상 공부하려고 마음 먹고 앉으면 딴생각이 든다. 문자가 온다. 화장실에 가고 싶다. 목이 마르다. 온갖 방법으로 자기 합리화가 시도된다. 그냥 '괜찮아'라는 식으로 스스로를 합리화해서 얻는 것은 마음의 위안이요, 잃는 것은 그날의 공부다. 어찌 보면 이런 합리화와 맞서 싸우는 과정이 결국 의지와 실천이라는 두 가지 요소로 표현된 것일 뿐 종국에는 심리적·신체적 자기 합리화와 싸우는 것이라고 봐도 된다.

화장실 가는 시간이 아까워서 일부러 물기 없는 음식을 먹는 노력까지 강요하지는 않더라도 최소한 딴생각의 함정에 빠지는 것만큼은 피하려고 애를 써야 한다. 딴생각의 원인을 제거하든 딴생각이 든 후 없앨 방법을 만들든, 딴생각을 핑계로 책상에 앉아만 있고 공부결과는 나오지 않는 상태에 빠지지 않을 최소한의 노력이 필요하다. 누가 딴생각을 없애 줄 수 있다고 믿는가. 학생들을 상담해 보면 딴생각이 들어 집중을 못하겠다고 호소한다. 다른 사람이 내 딴생각을 없애 줄 수 없다. 딴생각 제거 전문 과외선생님은 없다.

내 의지와 실천을 까먹는 일체의 요소들을 적어 보자. 뭔가 공부 이외에 관심을 끌고 있는 요소가 있다면 그것도 좋다. 마음속에만 담고 있지 말고 스스로 적어서 분석해 보자. 반드시 존재한다. 그걸 찾아내서 없애려는 노력만으로도 여러분의 의지와 실천력은 두 배가 될 것이다.

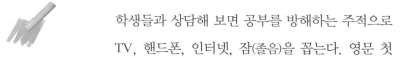

THIS의 유혹을 물리쳐야 한다

TV, Handphone, Internet, Sleep

학생들과 상담해 보면 공부를 방해하는 주적으로 TV, 핸드폰, 인터넷, 잠(졸음)을 꼽는다. 영문 첫 글자를 따면 THIS다. 공부 방해요인의 대표주자들인데 막상 주변에서 떼어놓기 어려운 것들이기도 하다. TV 시청에 긍정적인 부분도 있다고 주장하는 사람도 있다. 물론 세상에 부정적이기만 한 것이 어디 있겠는가마는 중학생도 아니고 고2쯤 되었으면 이젠 TV 시청을 일정 수준 이상 자제할 수 있어야 대학 진학에 웃음꽃이 필 것으로 사료된다. 욕심이나 만용으로 TV도 많이 보고 성적도 좋기를 바랄 수는 있겠지만 바람으로 끝난다. 특히 부모님의 협조도 무척 중요한 것이 TV다. 아무리 소리를 줄이고 시청해도 공부에 집중한 자녀의 예민한 감각은 다 알아차린다. 원래 공부하려고 앉으면 작은 소리도 더 잘 들리고 냄새도 잘 맡아진다. 후각과 청각은 엄청 예민해지고 시각은 줄어들어 눈에 책이 잘 안 들어온다. 그런데도 부모님이 TV 시청을 자제하지 않는다면 공부하지 말라는 얘기밖에 안 된다. 아무리 부모 자식간이라고 해도 필요한 최소한의 예의는 있다.

핸드폰은 TV보다 더 무서워서 학생의 집중력을 쉽게 방해하는 최고의 무기다. 문자를 주고받는 것을 대단치 않게 볼 수도 있지만 실제로 뇌 연구자들에 의하면 핸드폰 문자에 의해 방해받은 뇌가 본래의 활성상태를 회복하는 데 최소 20분이 걸린다고 한다. 그렇다면 학기 중에 자기 스스로 하는 하루 공부시간을 평균 잡아 세 시간이라고 할 때 180분이므로, 20분 간격으로 8~9번의 문자를 보내고 답을 받는다면 하루를 통째로 날려 버릴 수도 있다는 뜻이다. 게다가 문자를 받는 당사자는 이 사실을 미처 알아차리지도 못한다. 이것이 핸드폰의 무서움이다.

공부하는 와중에 인터넷이 자유롭다면 차라리 공부를 그만 하는 것이 낫다. 요새는 스마트폰 덕분에 핸드폰이 곧 인터넷인 세상이다 보니 스마트폰은 공부의 4대 주적 중 2개에 해당하는 막강한 파워를 지닌다. 굳이 공부방해 요소의 계급을 따지자면 핸드폰이 대장급이다. 그러니 '이번 시험에 열심히 해서 몇 등 안에 들면 스마트폰 사준다'라는 부모님의 말씀은 결국 이번 시험까지만 잘 보라는 얘기밖에 안 된다. 다음 시험부터 스마트폰으로 망치라는 말하고 똑같다. 이처럼 단순보상에 의한 동기부여도 조심해서 할 필요가 있다. 공부방에 인터넷이 자유로운 컴퓨터가 자리하고 있다면 냉장고에 갈비를 넣어 두고 다이어트 하는 것과 같다. 제발 TV와 컴퓨터는 공부방에서 멀리 떨어뜨려라.

졸음이나 잠은 모든 초중고생 뿐만 아니라 심지어 성인 학생들에게조차도 힘든 주제다. 워낙 생리적인 현상이다 보니 단순히 의지나 체력의 문제로 극복하기에도 한계가 있다. 게다가 사람마다 차이도 커서 일정한 표준적인 수면에 대한 가이드라인을 제시하는 것도 한계가 있다. 잠의 양부터 시간대에 이르기까지 취향 내지 체질을 많이 탄다. 그러니 똑같은 기준으로 잠을 많이 잔다거나 적게 잔다고 말하기도 어렵다.

그러나 분명한 것은 공부를 잘하고자 하는 모든 학생들은 잠과의 힘든 사투를 벌이며 적게 자고 많이 공부하고 집중할 수 있기를 바란다는 점이다. 그래서 잠이 공부방해의 4대 천황에 들어 있다. 학생들을 상담하는 중에도 빈번하게 딴생각 못지않게 나오는 고민이 잠이나 졸음으로 인한 집중력 부족이다.

그럼에도 몇 가지 확실한 사실이나 원칙이 있는데 고2라면 반드시 고민해 봐야 할 점이다. 우선 수업시간에 어떻게 하면 졸지 않고 수업에 참여할지 전략을 세워야 한다. 가뜩이나 내신 때문에 재수생과 비교해 불리한 현역이 수업까지 듣지 않는다면 참 답이 안 나온다. 반드시 수업 전에 예습을 해서 궁금증이나 질문거리를 만들어야 수업에 집중하고 졸음을 방지할 수 있다. 또, 밤에 지나치게 늦게 자는 버릇은 지양하자. 어차피 이제 곧 고3 말이면 수능을 봐야 하는데 그 직전에 갑자기 수면 패턴을 바꿔 아침형으로 변신하는 것은 엄청난 위험을 감수하는 짓이다. 고2부터 차츰 수면 시간도 수능 패턴에 익숙하게 조금씩 바꾸는 편이 현실적이다.

집중력의 비밀을 알면
공부가 쉬워진다

집중력 200% 끌어내기

집중력 역시 학생들의 고민 3종 세트에 든다. 3종 세트는 바로 잠-집중력-딴생각이다. 결국 잠이나 딴생각도 집중력 저하의 원인으로서 고민스럽다는 점을 감안하면 모든 고민의 귀결점은 역시 집중력일 것이다.

그러나 사람들의 집중력에 대한 오해를 가장 잘 표현한 단어가 바로 '집중력 부족'이다. 집중력이라는 힘 자체가 충분치 않다는 의미인데 정말 집중력이 충분치 않다면 사실 전문적인 상담이 필요하다. 하지만 그런 사람은 많지 않다. 집중력은 부족한 게 아니라 있는 집중력을 끌어내어 쓰지 못한다고 보는 게 옳다.

최근 늘어난 다양한 매체들도 그 원인이 될 수 있다. 컴퓨터 게임, 핸드폰, 인터넷 환경은 무조건 즉각적이고 빠른 결과를 제공하기 때문에 짧은 시간이라도 주의를 끌지 못하는 컨텐츠는 외면당한다. 당연히 자극적이고 현란한 화면과 내용으로 도배될 수밖에 없다. 게다가 그 구성요소들이 대부분 컬러풀하고 동적인 것들이 대부분인지라 이런 것들에 익숙해지면 정적인 텍스트 위주의 책, 혹은 교재들을 읽고 이해하는 데 어려움이 발생한다.

내가 애써서 집중력을 발휘하지 않아도 주변이 자동적으로 집중하게 만들어 주던 상황에서, 갑자기 공부를 하려고 하면 집중하기 어려워지고 내가 집중력을 끌어내서 써야 하니 당연히 힘이 들 수밖에 없다. 게임을 하거나 TV를 보거나 인터넷을 할 때는 엄청 잘 집중하다가 공부만 하려고 앉으면 집중이 안 되는 것이다. 인터넷을 하거나 게임을 할 때도 집중이 안 되면 의사선생님께 가봐야 할 문제이지만, 공부할 때만 유난히 집중이 안 된다면 집중력은 기본적으로 충분하다는 증거이다.

이제부터는 집중력이 부족하다는 선입견을 떨쳐 버리자. 집중력은 충분하다. 필요할 때 꺼내 쓰는 훈련이 덜 된 것뿐이다. 집중력 사용을 어렵게 하는 또 하나의 원인은 강의수강 위주의 공부습관에서 찾을 수 있다. 스스로 끙끙대고 애를 써서 어떤 내용을 이해하려고 노력해 보았는가? 조금만 어려워도 다른 사람의 설명에 기대지 않았는가? 다른 사람의 설명 중에서도 학교 수업은 안 듣고 학원 강의만 듣지 않았는가?

학교 선생님은 다양한 성적대의 아이들을 모두 집중시킬 만큼 수업에만 전념하기 어렵다. 행정 업무도 처리해야 하고 성적대가 다양한 모든 아이들에게 맞춰서 강의할 수 있는 환경도 아니다. 그러나 학원 강사는 특정 성적대나 실력의 아이들만 분류해서 강의하므로 일단 유리하다. 또 자신의 노력이 당장 금전적 수익으로 보상되며, 행정 업무의 부담도 전혀 없다. 당연히 학원 강사의 강의가 더 집중하기 쉽게 자극적으로 제공될 수밖에 없다.

그러나 이것은 바꿔 말하면 학생 입장에서는 집중력을 크게 발휘하지 않아도 집중할 수 있게 만들어 준다는 의미에서 중독성이 높다. 그러니 강의 수강 위주의 피동적인 공부를 하는 학생들은 집중력을 꺼내 쓸 필요를 덜 느끼고, 외부 환경에 의존하는 데 익숙해져 간다. 그러나 아무리 좋은 강의를 들어도 결국 내가 책을 읽고 머릿속에 넣고 문제를 풀어서 적용하고 익히는 과정을 피할 수는 없다. 이때는 내 집중력을 꺼내 써야 하는데 이게 어렵게 느껴지는 것이다. 이것이 바로 자기 주도학습 중에서도 특히 스스로 익히는 과정을 많이 해봐야 하는 중요한 이유다. 스스로 집중력을 꺼내 써보는 훈련을 해야 언제든 손쉽게 꺼내 쓸 수 있다.

특히나 요새 학생들은 영어를 잘하고 국어를 못하는 특징을 가졌다. 영어 어휘는 불필요할 정도로 어려운 단어까지 외우면서 국어 어휘는 기초적인 것도 모르는 경우가 태반이다. 어휘나 용어를 모르면 문장이 이해가 안 되고, 문장이 이해가 안 되면 글을 읽고 이해하는 과정이 싫고 어렵게 느껴진다. 즉, 강의를 수강할 때는 쉽게 집중하고 이해한 내용일지라도 스스로 읽고 익혀 나가려면 쉽고 편하지는 않다는 것이다. 어휘나 설명하고 있는 용어들의 의미를 정확하게 모른다면 말이다. 그러니 배우는 과정 말고 익히는 과정에서 집중하려면 어휘, 용어 들의 의미를 정확히 아는 것도 매우 중요하다.

Part 4

고3을 바라보는
과목별 수능 공부의 길

학문을 아는 자는 이를 좋아하는 사람만 못하고
학문을 좋아하는 자는 이를 즐기는 자만 못하다.
— 공자

문제 속에 숨어 있는 답을 찾아라

지문분석력 키우기

 언어영역과 외국어영역의 공통점은 무엇일까? 바로 지문을 바탕으로 문제를 푼다는 점이다. 지문을 읽고 그 안에서 문제풀이의 실마리를 찾아 출제자의 의도에 맞춰 정답을 찾아야 한다. 따라서 지문을 읽고 이해하는 첫 단계, 그로부터 문제가 원하는 의도에 맞는 정답을 추론하는 두 번째 단계, 그리고 헷갈리지 않게 냉철하게 사고하고 정답을 고르는 마지막 단계가 필요하다. 즉, 이해−추론−사고의 3단계를 거치게 된다. 주로 정리해서 외우거나 문제를 반복적으로 풀어서 숙지하던 기존 학력고사 시험의 한계를 극복하고, 대학에서 공부할 때 필요한 기본적인 자질을 평가하고자 생겨난 수학능력시험이기에 이런 부분이 강조된다. 그중에서도 지문분석을 통한 문제해결 능력을 보는 언어영역과 외국어영역은 '정확한 지문 받아들이기'가 최우선적으로 필요한 능력이다.

기존에 알고 있던 지문이라고 해도 방심할 수 없다. 지문 안에서 모든 문제를 풀어야 하는 이들 영역의 특성상 같은 내용의 글을 읽어 본 경험이 문제를 푸는 시간을 단축시킬 수는 있어도 정확성을 보장할 수는 없다. 지문 안에서 문제가 원하는 것을 찾으려고 항상 애써야 정답이 보인다. 오히려 읽어 본 내용이라고 예단하며 문제를 풀면 오답을 고를 확률만 더욱 높아진다.

특히 언어영역에서 시간 부족으로 끝까지 풀지 못하는 고민을 가진 학생이라면 100% 끝까지 읽어 내는 지문분석력 부족이 원인이다. 이런 경우 다양한 지문을 읽고 분석해 보는 다독 방식의 노력이 시급하다. 또 지문분석력 문제는 주로 문학작품보다는 비문학 글에서 많이 발생한다. 문학작품은 어느 정도 기존의 배경지식이 문제풀이에 도움이 되거나 배경지식을 바탕으로 문제를 풀 수 있는 경우가 많다. 하지만 비문학은 순전히 지문분석력을 가지고 풀어야 한다. 따라서 평소에 비문학 글을 분석하는 연습이 당장의 문제풀이 연습보다 훨씬 중요하다. 상식적으로 생각해 봐도 논설문이나 설명문을 읽고 이해할 수 있어야 시나 소설도 받아들일 수 있다. 이런 차원에서 비문학 글을 먼저 섭렵하는 쪽이 옳은 순서다.

고2 학생이 지문분석력이 떨어져서 시간 내에 문제를 푸는 데 어려움이 있다면 여러 가지 비문학 글을 읽고 분석해 볼 여유는 없다. 그래서 공부법 책들이나 대학생 수기를 보면 현실적 대안으로 모의고사 문제집이나 기출문제의 지문이라도 읽고 분석하는 연습을 하라고 한다. 물론 허락된 시간 안에 최소한의 노력을 기울이는 방법으로는 나쁘지 않다. 그러나 획기적인 실력 향상, 즉 어떤 지문이 나와도 당황하지 않고 읽어 낼 수 있는 능력은 이 정도 노력으로는 길러지지 않는다.

그렇다면 어떻게 해야 하나? 교과서를 너무 간과하고 있었던 것은 아닐까? 중고등학교 교과서에 나오는 논설문, 설명문 들을 과연 우리는 얼마나 주도적으로 분석하면 읽어 보았는가! 고2 학생의 지문분석력 신장의 기초를 쌓으려면 교과서에 수록되거나 기출문제에 출제된 논설문과 설명문들을 가능한 한 다른 외부적 도움 없이 스스로 분석하고, 정답 혹은 자습서와 비교하면서 그 차이점과 공통점을 발견하며 사고하는 훈련을 꾸준히 해야 한다.

특히 수능 언어영역(향후 국어) 시험문제 중에 비문학 글들을 기반으로 한 문제들을 살펴보면, 단순히 서론 · 본론 · 결론을 구분하고 주제나 제목을 붙여 보는 연습만으로는 부족하다. 전혀 생소한 분야에 대한 설명이나 주장의 글을 주면서 그 내용을 정확히 파악했는지를 가장 많이 물어본다. 따라서 비문학 글에 대한 핵심정리 연습이 매우 효과적이다. 중요한 설명 내용이나 주장을 밑줄 치면서 정리하는 연습 말이다. 예를 들어 다음과 같은 2012학년도 수능 언어영역 문제를 살펴보며 무슨 말인지 정확히 알아보자.

[47~50] 다음 글을 읽고 물음에 답하시오.

양자 역학의 불확정성 원리는 우리가 물체를 '본다'는 것의 의미를 재고하게 한다. 책을 보기 위해서는 책에서 반사된 빛이 우리 눈에 도달해야 한다. 다시 말해 무엇을 본다는 것은 대상에서 방출되거나 튕겨 나오는 광양자를 지각하는 것이다.

광양자는 대상에 부딪쳐 튕겨 나올 때 대상에 충격을 주게 되는데, 우리는 왜 글을 읽고 있는 동안 책이 움직이는 것을 볼 수 없을까? 그것은 빛이 가하는 충격이 책에 의미 있는 운동을 일으키기에는 턱없이 작기 때문이다. 날아가는 야구공에 플래시를 터뜨려도 야구공의 운동에 아무 변화가 없어 보이는 것도 마찬가지이다. 책이나 야구공에 광양자가 충돌할 때에도 교란이 생기지만 그 효과는 무시할 만하다.

어떤 대상의 물리량을 측정하려면 되도록 그 대상을 교란하지 않아야 한다. 측정 오차를 줄이기 위해 과학자들은 주의 깊게 실험을 설계하고 더 나은 기술을 사용함으로써 이러한 교란을 줄여 나갔다. 그들은 원칙적으로 ㉑ 측정의 정밀도를 높이는 데 한계가 없다고 생각했다. 그러나 물리학자들은 소립자의 세계를 다루면서 이러한 생각이 잘못임을 깨달았다.

㉠ '전자를 보는 것'은 ㉡ '책을 보는 것'과 큰 차이가 있다. 우리가 어떤 입자의 운동 상태를 알려면 운동량과 위치를 알아야 한

다. 여기에서 운동량은 물체의 질량과 속도의 곱으로 정의되는 양이다. 특정한 시점에서 특정한 전자의 운동량과 위치를 알려면, 되도록 전자에 교란을 적게 일으키면서 동시에 두 가지 물리량을 측정해야 한다.

이상적 상황에서 전자를 '보기' 위해 빛을 쏘아 전자와 충돌시킨 후 튕겨 나오는 광양자를 관측한다고 해 보자. 운동량이 적은 광양자를 충돌시키면 전자의 운동량을 적게 교란시켜 운동량을 상당히 정확하게 측정할 수 있다. 그러나 운동량이 적은 광양자로 이루어진 빛은 파장이 길기 때문에, 관측 순간의 전자의 위치, 즉 광양자와 전자의 충돌 위치의 측정은 부정확해진다. 전자의 위치를 더 정확하게 측정하기 위해서는 파장이 짧은 빛을 써야 한다. 그런데 파장이 짧은 빛, 곧 광양자의 운동량이 큰 빛을 쓰면 광양자와 충돌한 전자의 속도가 큰 폭으로 변하게 되어 운동량 측정의 부정확성이 오히려 커지게 된다. 이처럼 관측자가 알아낼 수 있는 전자의 운동량의 불확실성과 위치의 불확실성은 반비례 관계에 있으므로, 이 둘을 동시에 줄일 수 없음이 드러난다. 이것이 불확정성 원리이다.

47. 위 글을 통해 알 수 있는 내용으로 적절하지 않은 것은?

① 광양자가 전자와 충돌하면 전자의 운동량이 변한다.

② 물리학자들은 측정의 정밀도를 높이는 데 관심이 많다.

③ 질량이 변하지 않으면 전자의 운동량은 속도에 비례한다.

④ 플래시를 터뜨리는 것은 촬영 대상에 광양자를 쏘는 것이다.

⑤ 전자의 운동량을 측정하려면 전자보다 광양자의 운동량이 커
   야 한다.

48. 위 글에서 ⓛ과 구별되는 ⓘ의 특성으로 가장 적절한 것은?

① 대상을 교란하는 효과를 무시할 수 없다.

② 대상을 매개물 없이 직접 지각할 수 있다.

③ 대상이 너무 작아 감지하기가 불가능하다.

④ 대상이 전달하는 의미를 해석할 필요가 없다.

⑤ 대상에서 반사되는 빛을 감지하여 이루어진다.

49. 위 글을 바탕으로 〈보기〉에 대해 탐구한 내용으로 옳지 않은
것은?

〈보 기〉

일정한 전압에 의해 가속된 전자 빔이 x축 방향으로 진행할 때, 전
자 빔에 일정한 파장의 빛을 쏘아서 측정한 전자의 운동량은 ⓐ
$1.87 \times 10^{-24} kg \cdot m/s$였다. 그 측정 오차 범위는 ⓑ $9.35 \times 10^{-27} kg \cdot$
m/s보다 줄일 수 없었는데, 불확정성 원리에 따라 계산해 보니 이
때 전자의 x축 방향의 위치는 ⓒ $5.64 \times 10^{-9} m$의 측정 오차 범위보
다 정밀하게 확정할 수 없었다.

① 빛이 교란을 일으킨 전자의 운동량이 ⓐ이겠군.

② 전자의 질량을 알면 ⓐ로부터 전자의 속도를 구할 수 있겠군.

③ 같은 파장의 빛을 사용하더라도 실험의 정밀도에 따라 전자 운동량의 측정 오차는 ⓑ보다 커질 수 있겠군.

④ 광양자의 운동량이 더 큰 빛을 사용하면 전자 운동량의 측정 오차 범위는 ⓑ보다 커지겠군.

⑤ 더 긴 파장의 빛을 사용하면 전자 위치의 측정 오차 범위를 ⓒ 보다 줄일 수 있겠군.

50. ㉮의 의미를 포함하고 있는 말로 볼 수 없는 것은?

① 단위를 10개로 잡을 때 200개는 20단위이다.

② 수확량을 대중해 보니 작년보다 많겠다.

③ 바지 길이를 대충 재어 보고 샀다.

④ 운동장의 넓이를 가늠할 수 없다.

⑤ 건물의 높이를 어림하여 보았다.

지문과 문제를 보면 알겠지만 47, 48, 49번 문제 모두 지문 안에 있는 내용을 정확히 이해했는가를 위주로 물어보고 있다. 만약 여러분이 지문을 주의 깊게 읽고 그 정보를 머릿속에 담는 능력이 떨어진다면 이 문제를 풀기 위해 반드시 지문을 반복적으로 읽을 수밖에 없다. 그러나 반대의 경우 지문의 내용을 읽고 이해하고 정보를 담고 있는 훈련이 된 학생에게는 굉장히 쉬운 문제이다. 이 문제들을 통해 국어 비문학 문제를 대비하기 위한 훈련이 무엇인지 감을 잡길 바란다. 참고로 답은 ⑤ ① ③ ①이다.

신문 읽기는 비문학 대비용으로 아주 손쉽게 드는 방법이긴 한데 실제로 고2 학생이 하기에 쉬운 방법은 아니다. 또한 사실이나 정보 전달 글을 무작정 읽는 것은 노력이나 시간투자 대비 효과성이 떨어지는 행위다. 따라서 가급적이면 정제된 글을 모아 놓은 주간지 형태의 잡지를 추천한다. 정치 · 경제 · 문화 · 예술 분야 등의 다양한 주간지를 읽고 분석하는 연습을 한다면 매우 좋은 재료가 될 것이다.

또한 많은 학생들이 국어 교과서를 무시하는 경향이 있는데 절대로 국어 교과서를 무시하지 말자. 그동안 교과서 논설문과 설명문을 그냥 무비판적으로 읽고 암기했다면 이제부터는 교과서에 나오는 비문학 글부터 추려서 읽고 분석하고 자습서와 맞춰 보는 연습을 하자.

문제는 고2 때 언어영역에서 시간 부족을 느끼면, 학생들은 기본기를 다지기보다는 마음이 급한 나머지 성급하고 효과 없는 방법으로 해결하려고 애쓴다. 제일 손쉽고 많이 선택하는 방법이 바로 문제를 죽어라 푸는 일명 양치기 방법이다. 양치기란 양으로 승부하는 것인데 양은 늘고 점수는 그대로인 가장 무식한 방법이다. 기본기가 닦이기 전까지 고등학교 공부는 절대로 성적이 오르지 않는다. 기본이 탄탄해져야 비로소 문제풀이가 의미 있다. 절대 피해야 하는 방법이 '양으로 승부하는 언어영역 시간부족 해소하기'임을 잊지 말도록 하자.

외국어영역 독해에서 시간이 부족하다면 지문독해력이 부족한 것이다. 지문독해력의 기반은 기본적인 문법 실력과 독해 속도, 그리고 어휘력, 이렇게 세 가지가 복합적으로 작용한다. 여기서 문법 실력은 어법 문제를 풀기 위한 문법 실력이 아니라 독해를 빠르게 하기 위한 지문분석용 문법 실력이다. 어휘력도 무작정 단어의 의미를 뜻하는 것이 아니라 지문 안에서의 쓰임에 맞는 단어의 의미를 뜻한다. 따라서 세 가지 요소 모두 지문을 통해 길러야 하는 능력들이다. 별도로 문법을 공부하고 독해집을 풀고 단어를 외우는 고1 시절은 지났다. 이제 고2라면 지문 안에서 쓰이는 문법사항의 정확한 의미, 지문 안에서 쓰이는 단어의 정확한 의미, 그리고 이를 이용한 빠른 지문독해 속도를 기르기 위해 노력해야 한다. 모든 영어 공부를 지문 위주로 재편해야 한다. 그래야 실전에서 득점할 수 있는 영어 공부가 된다.

외국어영역을 위한 지문 분석의 가장 기본기는 끊어 읽기와 수식관계 찾기, 그리고 주어와 동사 구별해 내기이다. 따라서 어떤 지문이 나오더라도 우선 주어와 동사를 발라내고 전체를 끊어 읽어 가면서 수식역할을 하는 덩어리를 구분해 보면, 전체의 구조가 보이고 정확하며 효율적인 독해 실력을 기를 수 있다.

다음의 2012학년도 수능 외국어영역 문제를 풀어 보면서 정확한 독해의 중요성을 생각해 보자. 2012학년도 수능 외국어영역이 난이도 측면에서 그리 높지 않았지만 그중에 유일하게 3점짜리 문제로 제시된 문항이다. 이 문제의 답을 빠르고 정확히 구한다면 영어 지문 분석력은 크게 문제가 없다고 봐도 된다.

외국어영역에서 시간이 부족한 학생도 양치기로 문제만 무작정 많이 풀 것이 아니라 이런 세 가지 방법에 의해서 지문을 분석하는 연습을 많이 해야 기반이 닦이는 것이다. 그 기반을 토대로 문제를 많이 풀면 비로소 성적은 오를 수밖에 없다.

※ 빈칸에 들어갈 말로 적절한 것을 고르시오.

Often in social scientific practice, even where evidence is used, it is not used in the correct way for adequate scientific testing. In much of social science, evidence is used only to affirm a particular theory — to search for the positive instances that uphold it. But these are easy to find and lead to the familiar dilemma in the social sciences where we have two conflicting theories, each of which can claim positive empirical evidence in its support but which come to opposite conclusions. How should we decide between them? Here the scientific use of evidence may help. For what is distinctive about science is the search for negative instances — the search for ways to falsify a theory, rather than to confirm it. The real power of scientific testability is negative, not positive. Testing allows us not merely to confirm our theories but to

_____ .

① ignore the evidence against them
② falsify them by using positive empirical evidence
③ intensify the argument between conflicting theories
④ weed out those that do not fit the evidence
⑤ reject those that lack negative instances

문제 유형에 따라
푸는 방법이 있다

문제적응력 키우기

고등학교 공부에서 기반이 닦여야 문제풀이가 득점과 연결된다는 것은 기반이 우선이라는 얘기지, 문제풀이가 필요 없다는 뜻은 아니다. 다양한 문제를 풀어 봄으로써 문제풀이에 필요한 감각도 익히고 공부의 방향도 잡을 수 있기 때문에 양치기(문제를 많이 풀어 보는 전략)는 필수적인 과정이다. 다만 순서에 주의할 필요는 있다. 문제를 풀어 실력을 늘리는 것이 아니라 실력을 늘리고 문제를 풀자는 차원이다.

상담을 해보면 학생들은 언어영역을 공부하는 방법에 대해서 문제집을 열심히 푸는 것 외에는 다른 답을 거의 하지 못했다. 문제적응력을 기르는 데는 좋지만 이렇게 공부하면 고2, 고3 동안 보는 모의고사에서 대개 점수가 널뛰기하거나 일정 점수 이상 올라가지 못하고 정체된다. 그러면 그때부터 요령에 집착하기 시작하고 '문제부터 읽었더니 잘되더라', '지문 어디만 읽으면 답이 바로 나온다' 등등의 확인할 수 없고 당장 적용하기 힘든 비법들에 관심이 간다. 그러나 그런 요령들은 기반이 닦이지 않은 상태에서 익혀 봐야 써먹지도 못할뿐더러 요령대로 해서 점수가 꼭 오른다는 보장도 없다. 기반을 닦고 문제를 푼다는 원칙은 절대 잊지 말자.

어느 과목이나 문제풀이를 통해 실전 경험을 쌓고 공부한 내용을 다져 나가야겠지만, 언어나 외국어영역은 특히나 문제풀이가 중요하다. 중학교까지는 접해 보지 않은 처음 보는 문제 형식(수업시간에 배운 것과 상관없이 처음 보는 생소한 지문을 바탕으로 문제 풀기)이기 때문이다. 수학이나 사회과학은 그래도 배운 내용을 토대로 개념을 응용한 문제를 푼다는 측면에서 중학교 시험과 본질 면에서는 크게 다르지 않다. 그러나 중학교 국어/영어 시험이 철저하게 수업시간에 배운 지문을 바탕으로 하는 핵심 사항 위주의 문제인데 비해 언어영역과 외국어영역은 생소한 지문을 바탕으로 한다는 점에서 큰 차이가 있다.

언어영역의 경우 그 많은 문제들을 풀어 나가는 것 자체가 고역인 학생도 많다. 문제부터 봐야 할지 지문부터 읽어야 할지도 고민이고, 한 지문에 여러 개의 문제가 달려서 지문을 여러 번 읽다가 당황해서 시간이 부족한 경우도 있다. 한 지문에 달린 여러 문제 세트는 포괄적 성격의 문제 한두 개와 지엽적 성격의 문제 한두 개가 섞여 있다. 앞의 것은 미리 문제를 파악해 놓고 지문을 읽어야 하고, 후자는 지문을 읽고 풀어도 늦지 않다. 이런 노하우는 문제풀이를 통해서만 얻어질 수 있고, 설사 알고 있어도 문제풀이를 통해서 연습해야 실전에서 써먹을 수 있다. 그래서 미리부터 모의고사 볼 때 이런 전략들을 써보면서 익숙해지도록, 혹은 내게 맞는 방법을 찾기 위해서 애써야 한다. 그래야 진짜 실전에서도 문제풀이 때 쓸 수 있게 된다. 다음의 예를 보면서 생각해 보자. 2012학년도 수능 언어영역 문제이다.

[21~24] 다음 글을 읽고 물음에 답하시오.

이어폰으로 스테레오 음악을 ㉠ 들으면 두 귀에 약간 차이가 나는 소리가 들어와서 자기 앞에 공연장이 펼쳐진 것 같은 공간감을 느낄 수 있다. 이러한 효과는 어떤 원리가 적용되어 나타난 것일까?

사람의 귀는 주파수 분포를 감지하여 음원의 종류를 알아내지만, 음원의 위치를 알아낼 수 있는 직접적인 정보는 감지하지 못한다. 하지만 사람의 청각 체계는 두 귀 사이 그리고 각 귀와 머리 측면 사이의 상호 작용에 의한 단서들을 이용하여 음원의 위치를 알아낼 수 있다. 음원의 위치는 소리가 오는 수평ㆍ수직 방향과 음원까지의 거리를 이용하여 지각하는데, 그 정확도는 음원의 위치와 종류에 따라 다르며 개인차도 크다. 음원까지의 거리는 목소리 같은 익숙한 소리의 크기와 거리의 상관관계를 이용하여 추정한다.

음원이 청자의 정면 정중앙에 있다면 음원에서 두 귀까지의 거리가 같으므로 소리가 두 귀에 도착하는 시간 차이는 없다. 반면 음원이 청자의 오른쪽으로 ㉡ 치우치면 소리는 오른쪽 귀에 먼저 도착하므로, 두 귀 사이에 도착하는 시간 차이가 생긴다. 이때 치우친 정도가 클수록 시간 차이도 커진다. 도착 순서와 시간 차이는 음원의 수평 방향을 ㉢ 알아내는 중요한 단서가 된다.

음원이 청자의 오른쪽 귀 높이에 있다면 머리 때문에 왼쪽 귀에는 소리가 작게 들린다. 이러한 현상을 '소리 그늘'이라고 하는데,

주로 고주파 대역에서 ㉣ 일어난다. 고주파의 경우 소리가 진행하다가 머리에 막혀 왼쪽 귀에 잘 도달하지 않는 데 비해, 저주파의 경우 머리를 넘어 왼쪽 귀까지 잘 도달하기 때문이다. 소리 그늘 효과는 주파수가 1,000Hz 이상인 고음에서는 잘 나타나지만, 그 이하의 저음에서는 거의 나타나지 않는다. 이 현상은 고주파 음원의 수평 방향을 알아내는 데 특히 중요한 단서가 된다.

한편, 소리는 귓구멍에 도달하기 전에 머리 측면과 귓바퀴의 굴곡의 상호 작용에 의해 여러 방향으로 반사되고, 반사된 소리들은 서로 간섭을 일으킨다. 같은 소리라도 소리가 귀에 도달하는 방향에 따라 상호 작용의 효과가 달라지는데, 수평 방향뿐만 아니라 수직 방향의 차이도 영향을 준다. 이러한 상호 작용에 의해 주파수 분포의 변형이 생기는데, 이는 간섭에 의해 어떤 주파수의 소리는 ㉤ 작아지고 어떤 주파수의 소리는 커지기 때문이다. 이 또한 음원의 방향을 알아낼 수 있는 중요한 단서가 된다.

21. 위 글의 내용과 일치하지 않는 것은?
① 사람의 귀는 소리의 주파수 분포를 감지하는 감각 기관이다.
② 청각 체계는 여러 단서를 이용해서 음원의 위치를 지각한다.
③ 위치 감지의 정확도는 소리가 오는 방향에 관계없이 일정하다.
④ 소리 그늘 현상은 머리가 장애물로 작용하기 때문에 일어난다.
⑤ 반사된 소리의 간섭은 소리의 주파수 분포에 변화를 일으킨다.

22. 사람의 청각 체계에 대한 설명으로 옳은 것은?

① 두 귀에 소리가 도달하는 순서와 시간 차이를 감지했다면 생소한 소리라도 음원까지의 거리를 알아낼 수 있다.

② 이어폰을 통해 두 귀에 크기와 주파수 분포가 같은 소리를 동시에 들려주면 수평 방향의 공간감이 느껴진다.

③ 소리가 울리는 실내라면 소리가 귀까지 도달하는 시간이 다양해져서 음원의 방향을 더 잘 찾아낼 수 있다.

④ 귓바퀴의 굴곡을 없애도록 만드는 보형물을 두 귀에 붙이면 음원의 수평 방향을 지각할 수 없다.

⑤ 소리의 주파수에 따라 음원의 수평 방향 지각에서 소리 그늘을 활용하는 정도가 달라진다.

23. 〈보기〉에서 ⓐ~ⓔ의 합성에 적용된 원리를 분석한 내용으로 옳지 않은 것은?

〈보 기〉

은영이는 이어폰을 이용한 소리 방향 지각 실험에 참여하였다. 이 실험에서는 컴퓨터가 각각 하나의 원리만을 이용해서 합성한 소리를 들려준다. 은영이는 ⓐ 멀어져 가는 자동차 소리, ⓑ 머리 위에서 나는 종소리, ⓒ 발 바로 아래에서 나는 마루 삐걱거리는 소리, ⓓ 오른쪽에서 나는 저음의 북소리, ⓔ

왼쪽에서 나는 고음의 유리잔 깨지는 소리로 들리도록 합성한 소리를 차례로 들었다.

① ⓐ는 소리의 크기가 시간에 따라 점점 작아지도록 했겠군.
② ⓑ는 귓바퀴와 머리 측면의 상호 작용이 일어난 소리가 두 귀에 들리도록 했겠군.
③ ⓒ는 같은 소리가 두 귀에서 시간 차이를 두고 들리도록 했겠군.
④ ⓓ는 특정 주파수 분포를 가진 소리가 오른쪽 귀에 먼저 들리도록 했겠군.
⑤ ⓔ는 오른쪽 귀에 소리 그늘 효과가 생긴 소리가 들리도록 했겠군.

24. ㉠~㉤을 바꾸어 쓴 말로 적절하지 않은 것은?
① ㉠ : 청취(聽取)하면
② ㉡ : 치중(置重)하면
③ ㉢ : 파악(把握)하는
④ ㉣ : 발생(發生)한다
⑤ ㉤ : 감소(減少)하고

긴 지문을 바탕으로 네 개의 문제가 제시되고 있지만 사실 24번은 지문을 다 읽지 않아도 풀 수 있다. ㄱ~ㅁ 주변만 읽으면 금세 답을 찾을 수 있는 문제다. 그러나 21~23번 문항은 지문의 내용을 정확히 이해하는 것을 요구하는 문항들이다. 따라서 지문을 읽기 전에 먼저 24를 풀고, 21~23을 풀기 위해 내용 파악에 주력하면서 읽어야 한다는 것을 간파하고 지문 독해에 들어가야 한다.

문제풀이의 감각은 꾸준한 풀이가 역시 무엇보다 중요하다. 한꺼번에 많이 몰아서 공부하지 말고 고2 때는 꾸준히 일정한 분량을 정해 놓고 언어든 외국어든 풀어 보는 것이 풀이 감각을 잃지 않는 데 효과적이다.

외국어영역은 문제 유형도 워낙 정해진 것들이 많으므로 문제적응력을 기르기 위해서는 특정 유형의 문제를 많이 푸는 연습을 해보는 것도 좋다. 고2라면 유형을 구분하고 취약 유형을 알아내서 공략하는 것을 고민할 때가 되었다. 특히 2014학년도부터는 수능 외국어영역(영어)에서 듣기평가의 비중이 늘어나므로 장문 듣기가 추가될 가능성이 높다. 따라서 더더욱 문제적응력을 위해 다양한 읽기와 듣기 문제를 풀어 봐야 할 것이다. 많은 대학이 영어의 경우 A, B형 중에 더 어려운 B형을 강제할 공산이 큰 마당이므로 영어는 예전보다 신경을 더 써서 문제를 풀어 봐야 한다. 역대 수능에서 늘(아주 드문 몇 번을 빼고는) 가장 쉬운 과목으로 자리매김해 온 외국어영역이 이제 니트(NEAT, 국가영어능력평가) 시대를 앞두고 수능에서부터 어려워지는 현상이 올 것이 쉽게 예측된다. 이것에 대비하는 자만이 살아남을 것이다.

모르는 문제의 정답도 찾을 수 있다

정답구분력 키우기

문제를 알면 맞고 모르면 틀리는 게 보통인데 아는 것도 아니고 모르는 것도 아닌, 헷갈려서 곤란할 때가 있다. 주로 언어영역 문제가 가장 심하고 가끔 외국어영역 문제도 그럴 때가 있다. 그러나 언어영역과 외국어영역에서 헷갈리는 것은 차원이 엄연히 다르다. 전자의 경우 정답에 어느 것이 더 가까운가, 즉 거리차의 구분 문제이다. 사실 명확한 문제라면 모를까 많은 학생이 헷갈린다면 정답이라는 말은 의미가 없다. 오히려 정답에 가장 가까운 것을 찾는다고 보는 것이 옳다. 그러나 후자의 헷갈림은 거리차의 문제가 아니다. 후자는 전체를 아우르는 정답과 일부 문장과만 연관이 있어 보이는 오답을 구별해 내는 것이다. 말하자면 해석은 되는데 답을 못 고르는 상황이다. 그래서 외국어영역에서 헷갈리는 문제는 침착하게 지문을 훑어보고 전체를 아우르는 것이 무엇인가를 기준으로 풀면 거의 정답을 찾을 수 있다.

언어영역에서는 미묘한 거리의 차이를 판별하는 날카로운 정답 구분력이 요구된다. 마치 직사각형과 정사각형을 구별하는 것에 비유할 수 있다. 반면 외국어영역의 정답구분력은 전체 지문과 연관성 있는 선택지를 찾는 능력이다. 그래서 몇몇 눈을 흐리는 문장들에 현혹되어 끌려가지 않으려고 애써야 한다.

그러나 학생 상담을 해보면 헷갈리는 문제 때문에 고민만 했지 정작 어떻게 그런 문제들을 푸는 능력을 기를 것인지는 생각해 보지 않는 경우가 많다. 정답구분력은 지문 독해와 문제풀이를 통해 익혀야 한다. 또 틀린 문제의 해설을 읽기 전에 왜 그것이 답이 되는지에 대한 이유를 분석해야 한다. 지문 독해와 문제 독해, 그리고 유형에 따른 독해와 해설 독해라고 정리할 수 있는 이런 일련의 과정을 통해서 언어/외국어영역의 헷갈리는 문제들을 효과적으로 공략할 능력을 쌓게 된다. 이것들에 대해서는 뒤에서 더 상세히 예를 들어 설명하기로 하자.

고2 학생이 모의고사를 보고 헷갈리는 문제들로 고민스럽다면 제일 먼저 그런 문제들을 모아 오답노트를 만들라고 추천하고 싶다. 계속 공부를 하고 여러 번의 시험들을 치러 보면 비슷한 원리의 문제들에서 취약했음을 알게 된다. 이때 오답노트를 만들어 두면 그들 사이의 공통점을 발견하고 자기 사고의 틀을 출제의도에 맞춰서 개선할 수 있는 여지가 커진다.

단, 오답노트를 만들 때는 문제를 붙이고 답만 쓰지 말고 왜 헷갈렸으며 왜 정답이 그렇게 될 수밖에 없었는지를 자기만의 표현으로 적어 두어야 한다. 혹은 자신이 시험 당시에 어떻게 생각해서 틀렸는지 그 이유를 적어 보는 것도 좋다. 이유를 적거나 해답이 되는 이유를 생각하는 과정 자체가 공부일 뿐만 아니라 나중에 다른 시험에서 비슷한 유형의 문제를 틀리지 않는 능력을 키울 수 있다.

지문도 분석하고 문제도 많이 푸는 연습을 했는데 정답을 찾는 과정에서 고민이 생긴다면 노력에 대비하여 시험에서 득점하는 데 어려움을 겪게 된다. 오답노트를 작성하는 것 말고 이 고민을 득점으로 연결시키기 위한 또 다른 방법으로는 시험 보는 순간의 판단 방법을 연습하는 것이 있다.

답이 헷갈린다는 표현을 하려면 적어도 선택지가 두 개로 압축된 상황을 가정한다. 3번일까, 5번일까. 제일 좋은 방법은 자신이 더 정답이라고 생각되는 선택지의 근거를 순간적으로 만들어 보는 방법이다. 보통 실전에서 학생들은 답이 헷갈리면 논리적인 생각이 막히면서 감에 의해 답을 고르는 경향이 있다. 수능 문제는 철저하게 논리에 의해 출제된다. 어떤 문제가 헷갈릴 때는 반드시 내가 미처 생각하지 못했거나 발견하지 못한 출제의 논리가 있다. 설사 출제자의 논리를 찾지 못해도 나의 논리를 만들어서 풀고, 나중에 정답과 다르다면 왜 내 논리가 틀렸는지 살펴야 한다. 대개 시험장에서 감이 아니라 논리로 답을 찾아 들어가면 대부분 출제자의 의도를 파악할 수 있고 결국 정답에 가까워질 수 있다. 감은 평소 자기주도학습할 때 문제풀이의 감을 기르라는 것이지, 시험 볼 때 헷갈리는 문제를 구분하라고 기르라는 것은 아니다.

외국어영역의 기초는 필기다

어휘, 어법, 듣기능력 키우기

최근 학생들의 특징 중 하나가 직접 손으로 쓰면서 공부하는 것을 엄청 싫어한다는 점이다. 필기는 누구나 좋아할 만한 공부방식은 아니지만 그 싫어하는 정도는 점점 더 심화되고 있다. 학교에서 하는 필기도 프린트물에 약간 적는 정도, 영어 단어를 쓰면서 외우는 것도 엄청 기피하고 수학 문제를 푸는 데도 과정을 차근차근 쓰는 훈련이 덜 된 학생들이 많다. 학습 내용을 눈으로만 보고 해결할 수 있다면 좋겠지만 아쉽게도 천재가 아닌 이상 쉽지 않은 얘기다. 엉덩이 붙이고 앉아서 눈에서 레이저가 나오며 손에서 불이 나야 비로소 공부한 내용이 내 것이 된다.

손으로 쓰는 공부를 필연적으로 해야 하는 대표적인 것이 외국어 영역에서의 어휘 학습이다. 어법 사항의 노트 필기도 중요하다. 어법 기본서의 무수한 내용을 핵심 위주로 압축해야 써먹을 수 있는 형태로 정리할 수 있다. 듣기에서는 받아적기(Dictation)가 가장 효과적인 방법이다. 따라서 외국어영역의 어법, 어휘, 독해, 듣기 중에 독해를 제외한 전 분야에서 쓰고 익히기는 예나 지금이나 필수적이다.

그렇다면 가장 기본인 쓰면서 공부하는 방법들을 알아보자. 먼저 어휘 학습이다. 어휘를 공부할 때 첫 번째로 단어장 만들기와 연습장에 쓰면서 외우기 두 가지를 명심하자. 단, 단어장에 쓰는 단어들을 잘 선별해야 한다. 모르는 단어를 몽땅 적어 넣는 것이 단어장이 아니다. 그렇게 하면 나만의 단어장을 만들기 전에 지칠 가능성이 많다. 효과가 떨어진다는 말이다. 고2가 돼서 가뜩이나 시간이 부족한 마당에 모르는 단어가 나올 때마다 적어 넣는 것은 효율성 면에서도 별로 바람직하지 않다. 가급적이면 의미 있고 시험에서 애를 먹일 만한 중요 단어 위주로 모으는 것이 단어장의 용도다. 여러 개의 의미를 갖고 있는 단어가 가장 대표적이다. 동의어, 유의어, 파생어, 반의어 등이 많은 단어도 중요하다. 이런 단어들이 항상 시험 때 중요한 역할을 하므로 고2라면 지금부터 고3 말까지 한 개의 단어장에 마음먹고 쌓아 나가야 한다.

영어 어휘 공부법의 고전적인 논쟁 중 또 다른 한 가지는 시중에서 판매하는 단어장을 사서 외울 것이냐 말 것이냐이다. '영어 단어장(《우선순위영단어》《단어 쫑내기》《듀오3.0》《워드마스터》 등)을 외워야 한다 vs. 외울 필요 없다, 문제 풀 때 나오는 모르는 단어를 외워라'

의 두 가지 입장이다. 즉 단어장(보케블러리 책)을 구입해서 외워야 하는지 아니면 독해를 통해 쓰임을 확인하면서 공부하는 것이 좋은지에 관한 논쟁이다. 우선 독해를 통해서 모르는 단어만 외울 요량이면 아주 많은 독해를 한다는 전제조건이 충족되어야 한다. 그렇지 않으면 고2에게 필요한 어휘 수준을 확보할 수 없기 때문이다. 그러나 우리는 영어만 공부하는 것이 아니다. 수학도 국어도 해야 한다. 고2라면 충분히 많은 독해를 하기엔 시간이 당연히 부족하다. 따라서 단어장을 외우는 것이 정답이다.

그러면 왜 단어장 암기가 비판을 받을까? 바로 비효율성 때문이다. 쓰임을 확인하며 외우는 단어 암기 방법은 효과가 높은 것이 사실이다. 암기도 잘된다. 하지만 단어장을 기계적으로 외우면 암기 효율이 떨어진다. 그러나 단어장에서 눈도장이라도 찍어 놓은 단어는 독해집에서 문제를 풀다가 또 만날 경우 뜻은 생각 안 나도 외웠던 단어라는 기억은 날 수 있다. 그런 상태에서 사전을 찾고 공부한다면 그냥 독해집에서 처음 만나는 단어인 경우보다 암기 효과가 상승한다. 아무래도 익숙한 단어이기 때문이다. 즉 어떤 사람의 얼굴은 아는데 이름이 기억 안 나는 경우와 얼굴도 모르고 이름도 처음 외우는 경우를 비교해 보자. 어느 쪽이 그 사람 이름을 더 빨리 기억하겠는가 생각해 보면 당연히 전자이다. 그래서 당장은 단어장 암기가 효율이 떨어지지만 결국 영어의 다양한 분야들을 조화롭게 공부하면서 반복 학습하면 다시 그 단어를 만날 확률이 높아지고 각인효과가 생겨 결국엔 더 효과적인 방법이다.

　고2가 돼서도 어법 공부가 아직 완성 단계에 이르지 못했다면 사실 굉장히 시급한 주제다. 어법은 중학교 때 일정 수준 이상 기반이 잡힌 상태에서 부족한 부분만 채우면서 복습하는 게 옳다. 고2 정도면 이제 반복으로 확인 학습하는 수준이 되어야 한다. 그러나 만약 고2 때도 어법이 완성되어 있지 않다면 마지막 기회라고 생각하고 어법 기본서를 공부하되 고3 때 복습하면서 쓸 어법 노트를 꼭 작성해야 한다. 어법 기본서의 수많은 내용을 다 알 수는 없으니 핵심 위주로 어법 문제에 자주 나오는 내용이나 독해에서 많이 쓰이는 어법 사항 위주로 정리해야 한다. 고2가 가기 전에 반드시 어법 정리 노트 한 권을 만들자. 학기 중에 부담스럽다면 방학 때를 활용하자.

　외국어영역 듣기는 2014학년도부터 그 비중이 더욱 늘어나는 분야다. 일반적인 텝스나 토플에서의 듣기평가에 비하면 그렇게 높은 수준의 듣기는 아니다. 하지만 어학능력 시험이 언제든 다시 볼 수 있는 시험인데 비하여 수능 외국어영역은 일생일대의 시험이고 잘못하면 일 년을 또 준비해야 한다는 점에서 그 긴장도는 비교가 안 된다. 특히나 듣기평가는 듣기 시간이 지나면 다시 돌이킬 수가 없다. 독해는 몇 번이고 주어진 시간 내에 여러 번 고민할 수 있지만 듣기는 끝나고 나면 돌이킬 방법이 없다. 그래서 외국어영역 중에서도 듣기평가가 더더욱 긴장도가 높다. 그런 듣기평가가 비중이 더 높아진다는 면에서 이전보다 더 신경을 써야 한다. 상위권 대학들이 대부분 A/B형으로 나뉜 수능에서 영어는 어려운 B형을 요구할 것으로 보이기 때문에 더더욱 신경을 써야 한다.

듣기평가를 공부하는 방법으로 고2에게 알맞은 방법은 역시 받아쓰기다. 기본적인 어휘나 표현들에 익숙해진 상태이기 때문이다. 따라서 단순히 많은 문제를 문제풀이 식으로 공부하는 것보다는 적게 풀더라도 정확히 듣는 훈련을 하는 것이 더 중요하다. 실전에서야 100%를 듣지 못하더라도 정답을 찾는 것이 최우선 과제다. 그러나 연습 때는 100%를 듣는 훈련을 하는 것이 옳다. 그래야 실전에서 긴장을 줄일 수 있다. 연습 때도 답만 고르는 수준으로 공부하면 정확히 듣는 힘을 기르기 어렵고, 실전에서 돌발 상황에 대처하는 힘이 떨어진다. 따라서 시간이 좀 더 걸리고 적은 문제를 풀더라도 반드시 지문과 보기를 정확히 듣는 훈련을 위해서 한 문제 한 문제 손으로 받아쓰자.

언어영역을
완전정복하라

언어 독해 4단계

 언어영역의 독해에는 4단계의 발전과정을 거치
는 것이 가장 효과적이다. 지문-문제-유형-해
설. 고2라면 이 중에서 유형 독해까지 발전한 상태가 가장 이상적이
긴 하다. 그러나 냉정하게 자신의 지금 실력을 감안해서 알맞은 단계
부터 공부하는 것이 좋다. 그렇다면 각 단계별로 어떻게 공부해야 하
는지 구체적으로 알아보자.

언어영역은 기본적으로 글을 읽고 이해하는 독해로부터 모든 것
이 출발한다. 지문을 읽고 이해하는 과정, 문제의 의미와 요구하는
것을 이해하는 과정, 문제 유형에 따라 효율적으로 읽는 과정, 해설
의 설명과 나의 생각을 일치시켜 이해하는 과정이 필요하다.

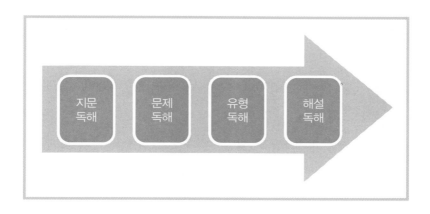

지문 독해

　첫 번째로 지문 독해 방법을 알아보자. 지문 독해는 문학작품을 비판적으로 감상하는 과정과 비문학 글을 분석적으로 읽는 과정을 포괄한다.

　문학작품은 그 글의 장르에 따른 핵심 사항을 파악하는 것이 가장 우선이다. 문학작품 중에서도 시와 소설(고전 포함)이 가장 중요한 장르라고 볼 수 있다. 시의 핵심 사항을 예로 들면 주제, 소제, 심상, 운율, 표현상의 특징, 그런 표현을 쓴 이유, 중요한 시어의 함축적 의미, 시인이 말하고자 하는 바 등을 살피면서 읽고 해설과 비교하면서 본인의 시적 감수성에 대한 사고력을 증진시켜야 한다. 물론 고1 때 이런 부분들에 대한 일반적인 원칙들을 받아들이고 공부한 다음, 고2부터는 스스로 해야 한다는 의미다. 소설도 마찬가지다. 소설에서 가장 중요한 인물, 사건, 배경을 이해하는 방법으로서 인물의 성격, 갈등의 원인, 갈등의 해소, 갈등의 구조, 사건의 전개를 이해하기 위한 발단-전개-위기-절정-결말에 대한 분석, 그리고 전체 스토리라인의 요약 작업을 스스로 해보고 해설과 맞춰서 비교해 봐야 한다. 고1이라면 이런 문학작품의 배경지식을 파악하는 지문 독해를 타인의 도움을 얻어 학습해도 무방하다. 그러나 고2가 되었다면 이제는 혼자서 애써 보는 노력을 할 때다. 만약 고1 때 문학작품의 지문 독해를 해보지 않아서 그 방법을 익히고, 이후 스스로 하는 데 도움이 되는 강의를 수강한다면 그것은 찬성이다. 대신 EBS문제집을 풀면서 문학작품을 분석해 주기만 하고 스스로 하는 연습을 시키지 않는 강의는 효과가 없으니 그만두자. 시간이 여유롭지 않은 고2라면 적어도 쉬는 시간의 자투리라도 이용해서 장르의 핵심 사항을 고민해 보고 수업을 듣는 노력이 필요하다.

비문학 글은 논설문과 설명문이 대표적이다. 서론-본론-결론을 나눠 보고 각각의 중심내용을 정리해 보고 중심문장도 찾아보자. 주장하는 바와 근거, 설명하고자 하는 설명 방법과 내용도 정리해 보자. 그리고 단락별로 잘라서 순서 맞추기 연습을 하는 것도 도움이 된다. 특히 비문학은 직접 글을 써보는 훈련이 매우 큰 도움이 된다. 남이 써놓은 글만 보면 왜 글의 구성이 그렇게 되는지를 이해하기 어렵지만 본인이 직접 논설문이나 설명문을 써보면 '이래서 글이 이런 식으로 전개되고 이런 설명 방법을 쓰게 되는구나'를 빨리 알 수 있다. 그리고 최대한 본인이 쓴 글을 여러 사람에게 읽어 보게 하고 피드백을 받거나 스스로 입으로 소리 내서 읽어 보면 어색한 부분도 찾을 수 있다.

이런 노력이 고2에게 너무 과하거나 불필요한 것이 아닐까 걱정하지 말자. 수능 언어영역도 대비해야 하지만 무엇보다 우린 늘어나는 수시의 시대에 살고 있다. 논구술 연습을 별도의 것으로 생각하지 말고 평소에도 얼마든지 이런 방법으로 할 수 있다. 비문학은 이런 방법으로 얼마든지 지문 독해를 연습할 수 있는데도 불구하고 분석적 독해를 학원 강사가 대신해서 해주고 학생들은 이를 듣기만 하는 경우를 심심치 않게 볼 수 있다. 분석적 독해는 자기가 직접 해야 실력이 늘지 남이 하는 것을 보기만 해서는 절대로 늘지 않는다. 만약 분석적 독해를 연습하게 하고 보완 설명을 해주는 강의라면 찬성이다.

문제 독해

두 번째로 문제 독해를 알아보자. 언어영역을 공부할 때 문제집을 끝도 없이 많이 푸는 전략을 흔히 사용한다. 물론 어느 정도 수준까지는 풀이 감각을 익히기 위해서, 그리고 출제자의 의도를 이해하기 위해서 문제들을 풀어 보는 것이 매우 중요하다. 그것만 하는 것은 물론 효과가 없지만 말이다. 이때 문제를 잘 읽고 이해할 필요가 있다. 문제가 무엇을 요구하는지 항상 고민하면서 풀어야 한다. 이것을 훈련하는 데 제일 좋은 방법이 문제부터 읽기다. 문제를 빨리 읽고 문제의 주요 요구사항을 숙지하면 지문을 읽을 때도 시간을 단축할 수 있다. 문제가 요구하는 것이 지엽적인 내용인 경우면 그 주변을 빨리 읽는 것이 효과적이고, 포괄적인 내용이라면 지문 전체를 속독하는 것이 효과적이다. 보통 여러 문제가 달린 큰 지문은 두 가지 종류가 섞여 있다. 문제가 요구하는 바도 모른 채 지문에 끌려다니다가, 문제를 보고 나서 다시 지문으로 돌아가 요구하는 바를 찾으면 이미 시간이 훌쩍 지나간다. 따라서 언어영역 문제집을 풀 때는 양도 중요하지만 빠른 시간 안에 문제의 요구사항을 파악하는 연습과 그것을 머릿속에 담고 지문을 읽어 내는 훈련을 반드시 해야 한다. 또한 모의고사 때도 항시 이런 연습을 실전처럼 해줘야 실전에서 쓸 수 있다.

유형 독해

세 번째로 유형 독해를 알아보자. 언어영역 문제들도 일정 부분 유형이 정해져 있다. 그 유형에 따라 독해를 하면 그냥 마구잡이로 하는 것과 풀이 시간에 큰 격차가 생긴다. 또한 사람마다 본인이 취약한 문제 유형이 있다. 사실관계 이해가 어려운 사람부터 논리적 추론 문제가 어려운 사람까지 다양하다. 따라서 취약한 유형의 문제를 많이 풀어 보는 것은 매우 중요한 학습법이다. 자신 있는 문제 유형까지 모두 푸는 연습을 하면 시간만 많이 소모될뿐더러 잘하는 유형에 쓴 시간은 낭비되고, 취약한 문제 유형에는 충분히 많은 시간을 들여 공부할 수 없기에 이중삼중으로 손해다. 만약 지문 독해와 문제 독해 부분을 많이 연습한 고2학생이라면 이제부터는 취약 유형의 문제만 골라서 집중적으로 타격해 보자. 그래야 구멍을 막을 수 있고 효과적으로 언어 점수를 향상시킬 수 있다. 언어 점수가 일정 수준까지 도달하고 더 이상 향상이 없다면 100% 유형 독해부터 시작해야 한다.

해설 독해

네 번째로 해설 독해를 알아보자. 여러분은 언어영역에서 틀린 문제는 어떤 식으로 후속작업을 하는가? 그동안 상담한 학생들은 거의 80%가 해설을 읽어 보고 이해했다고 답했다. 이것이 바로 여러분 스스로의 사고력이 증진되지 않는 원인이다. 해설지를 정확히 읽어 보고 이해하는 것은 고1 때까지는 바람직한 방법이다. 아직까지는 언어영역 문제 출제의 기본 원칙에 대한 감이 부족할 때이므로 해설을 읽으면서 감을 확보하는 것이 바람직하다. 그러나 고2쯤 되었다면 이제부터는 해설을 내가 만든다는 기분으로 공부해야 성장할 수 있다. 내가 고른 것이 아니라 다른 것이 정답이 되는 이유를 반드시 스스로 만들어 보고, 그것을 해설지와 비교하면서 나의 생각을 출제자의 생각과 의도에 맞춰 나가는 훈련이 매우 중요하다. 특히 빠르면 고2부터, 늦어도 고3부터는 이런 훈련을 많이 해볼수록 언어영역 점수의 상승과 안정화가 이뤄진다. 만약 여러분의 언어 점수가 들쭉날쭉 변동이 심한(물론 고득점 주변에서) 현상을 보이고 있다면 100% 직접 해설을 만들고 읽으면서 비교하기식 독해 연습을 해야 한다. 언어도 공부하면 반드시 실력이 오르고 안정화될 수 있다. 언어가 단순히 감에 의해 좌우된다는 믿음은 버려도 좋다.

재미난 통계를 하나 들어 보자. 보통 언어영역 하면 당연히 남학생보다는 여학생이 잘할 것으로 믿는다. 그러나 이런 믿음이 옳지 않다는 통계를 들고자 한다. 최근 수능 점수를 분석해 본 결과 언어영역 만점자와 1등급 학생의 비율을 응시자수 대비 상대적으로 환산해 보면 남학생이 더 많다고 나온다. 만약 언어영역이 단순히 감에 의존한 과목이라면 당연히 상위권에 감이 뛰어난 여학생이 더 많은 것이 옳다. 그러나 결과는 정반대로 나왔다. 이것은 남학생 상위권도 논리적 사고력 면에서는 여학생에게 뒤지지 않는다는 의미로 해석되며, 또한 감뿐만 아니라 노력에 의해 정복할 수 있는 과목이라는 증거이기도 하다. 언어영역은 해도 안 늘고, 안 해도 안 줄어드는 과목이 절대로 아니란 뜻이다.

외국어영역도 독해가 중요하다

외국어 독해 4단계

 외국어영역도 언어영역과 마찬가지로 독해가 중요한 과목이다. 고2 학생들의 외국어영역 독해 학습은 독해집 풀이의 반복 수준을 넘지 못하는 경우가 많다. 물론 고1이나 중학교 때 직독직해나 끊어 읽기, 수식관계 찾기 연습을 했을 것이다. 그러나 그 이후로 독해집을 많이 푸는 것 이상의 공부에 대한 전략이나 방법적 변화가 거의 없다. 이 경우 외국어영역에서 발견할 수 있는 현상은 지문의 복잡도나 난이도가 상승할 때 독해 점수가 떨어진다는 것이다. 또는 지문이 길어지면 힘이 떨어지거나, 헷갈리는 문제가 나오면 점수가 떨어지는 현상을 많이 보게 된다. 만약 여러분이 이런 현상으로 고민하고 있다면 이제부터 나올 외국어 독해의 4단계를 주의해서 읽어 보고 따라해 보자.

1단계	분석적 독해
2단계	직독직해
3단계	시간 정해 독해
4단계	한 번만 읽고 독해

일단 고2라도 독해 실력이 높지 않은 학생은 우선 기본기부터 익혀 보자.

분석적 독해

1단계는 분석적 독해다. 분석적 독해란 지문을 쭉쭉 읽을 독해력이 아직 부족하거나 독해 속도가 떨어질 때 꼭 거쳐야 하는 과정이다. 주어-동사의 구조 찾기/수식관계 찾기/끊어 읽기의 세 가지 원칙이 바로 분석적 독해의 핵심이다. 영어에서는 역시 주어와 동사를 빨리 찾는 것이 독해 속도를 높이는 지름길이다. 아무리 복잡하고 길어 보이는 문장도 결국에는 주어에 해당하는 부분과 동사에 해당하는 부분이 가장 중요한 의미를 지니고 있다. 따라서 독해 지문을 볼 때마다 주어와 동사를 빨리 찾아내는 훈련을 해보자. 또, 수식관계를 정확히 보는 눈도 중요하다. 주로 수식하는 표현들은 문맥에 큰 영향을 주지 않는다. 따라서 수식하는 표현들을 적절히 제거하고 지문을 읽을수록 속도가 빨라진다. 마지막으로 끊어 읽기다. 중학교 때도 주로 연습하는 방법인데, 주어와 동사나 수식관계에 해당하는 부분을 중심으로 끊어 가면서 지문을 읽어 내려가는 훈련이다. 이렇게 하면 영어 문장의 구조를 분석하고 독해하는 데 매우 효과적이다.

직독직해

2단계는 직독직해다. 영어 어순 그대로 받아들이면서 읽어 내려가는 것이다. 또한 가급적이면 한글로 번역하면서 읽지 말고 영어 표현 그대로 받아들이는 것이 좋다. 한국말로 바꾸면서 읽으면 그 과정에서 시간 소모가 발생하고, 영어 어순을 보는 눈을 기르는 데 효과적이지 않다. 힘들더라도 영어 그대로를 읽으면서 독해하고 문제를 풀어 보는 것이 좋다. 직독직해 능력을 위해서 독해 문제집이 아닌 원서로 된 책을 읽는 것도 권장되곤 하는데, 이것은 개인마다 차이가 있으므로 일정 수준 이상 영어 실력이 된다면 큰 도움이 되겠지만, 그렇지 않다면 꼭 해야 하는 필수적인 방법은 아니므로 너무 신경 쓰지 말자.

시간 정해 독해

3단계는 시간을 정해서 독해하는 방법이다. 독해집을 풀 때 시험처럼 시간을 정하고 그 안에 푸는 연습을 해야 독해 속도가 증가한다. 그리고 이 과정에서는 사전을 찾지 말고 쭉쭉 읽어 가는 것이 좋다. 시험과 똑같은 실전 상황에서 문제를 풀어야 한다. 이때 역시 고전적인 공부법 논쟁이 있다. '영어 문제 풀 때 사전을 찾아라 vs. 사전 찾지 말고 단어 뜻을 유추하며 풀어라' 의 싸움이다. 이것은 어느 한쪽이 정답이라기보다는 자신의 영어 수준에 따라 선택 및 발전해야 할 사항이다. 우선 영어 독해 실력이나 어휘력이 낮을 때는 반드시 사전을 찾는 것이 원칙이다. 그러나 일정 수준 이상 올라서면 지문에서 모르는 단어의 양이 현저히 줄고 이때부터는 사전을 바로바로 찾기보다는 우선 문맥에 따라 유추하며 풀고 나중에 사전으로 확인하는 것이 좋다. 따라서 영어 실력 면에서 중 + 하위권은 사전을 찾고, 상위권은 유추하라고 정리할 수 있다. '시간 정해 독해' 까지 수준이 올라왔다면 당연히 사전을 찾지 말고 유추하면서 독해하는 것이 정답이다.

한 번만 읽고 독해

4단계는 한 번만 읽고 독해다. 지문을 여러 번 읽으면 읽을수록 시간 소모가 심해진다. 하지만 해석은 되는데 문제가 헷갈려서 답을 못 고르는 경우 불가피하게 전체 문맥의 이해를 위해 빠르게 한 번 읽어 볼 필요가 있다. 이때 독해 속도가 안 나면 시간 내에 외국어영역을 풀 수 없다. 따라서 평소에 독해 속도를 올려놔야 하는데 여기에 좋은 방법이 한 번만 읽고 문제 풀기다. 연습 때는 실전보다 힘들게 해야 실전이 수월하다. 따라서 연습할 때 조금 헷갈리고 정확한 독해가 안 되더라도 가능하면 한 번만 지문을 읽고 답을 골라내는 연습을 하는 것이 좋다. 그래야 속도가 올라가고 실전에서 막혔을 때 빛의 속도로 한 번 더 읽고 답을 고를 수 있다. 이때 전체를 아우르는 것이 무엇일까를 고민하면 무조건 정답을 찾을 수 있다. 상위권이라면 가급적 '시간 정해 독해'와 '한 번만 읽고 독해' 연습을 꼭 하자. 그래야 문제집만 푸는 수준에서 한 발자국 더 나갈 수 있다. 중위권 이하라면 늦었다고 생각하지 말고 지금부터 철저한 분석적 독해와 직독직해 연습을 해야 고3 때 3, 4단계까지 발전할 수 있다.

개념이해로
끝나지 않는다

수학 공부의 비법

좀 알아준다는 공부법 강사들의 강의나 책을 읽어 보면 수학·과학 공부에 개념이해가 공공의 적이다. 개념이해가 만병의 근원인 것처럼, 그리고 무슨 만병통치약인 양 떠들어 댄다. 그것은 본인들이 학창시절에 개념이해를 안 해서 한이 맺혀, 그것이 원인일 거라고 추측하고 떠드는 것에 불과하다. 실제로 현장에서 학생들을 상담해 보지 않고 하는 소리이다.

현장에서 학생들과 상담해 보면 개념이해도 문제지만 가장 큰 문제는 우선 수학·과학(특히 물리) 공부 자체를 별로 좋아하지 않고 스스로 공부하는 시간도 굉장히 부족하다는 데 있다. 대부분 그냥 멍하니 학원 강의를 듣고 숙제하기 바쁘다. 경제적으로 뒷받침이 넉넉지 않은 학생들도 사정은 별반 다르지 않다. 그냥 EBS강의와 교재로 도

배를 하고 있다. 언론에서 하도 EBS연계율을 떠들어 대니 일반적인 학생들은 어지간한 배짱 없이는 자기 주관대로 공부해 나가기 쉽지 않다. 그냥 EBS면 다 해결될 것으로 믿고 의지한다. 그럴 것이라면 차라리 EBS문제집을 아주 많이 만들어서 문제은행식으로 출제했으면 하는 바람이다.

학생들이 수학에서 가지고 있는 문제는 개념이해뿐만 아니다. ① 배운 개념을 꺼내 보는 사고 부족, ② 개념들을 정리하고 구조화해 보지 않는 습관, ③ 전형적인 유형의 문제들을 풀어 나가는 과정이 완전히 숙지되도록 자기주도학습을 하지 않는 습관, ④ 문제를 보고 어떤 개념을 이용해서 푸는지 고민해 보지 않는 습관 등이 있다. 사람마다 원인도 다르고 고쳐야 할 점도 다르다. 무조건 개념이해가 최선이 아니란 말이다.

그런데도 개념이해가 단골메뉴로 나오는 데는 그럴 만한 이유가 있다. 대표적인 사례가 '중학교 수학에는 정석이 없다' 이다. 고등학교 수학에는 정석 책이 있는데 왜 중학교에는 없을까? 중학교 수학은 정석 책을 쓸 만한 토양이 아니란 증거다. 즉, 개념이해할 대상도 별로 없고 문제 유형도 다양하지 못해서 정석 책이 만들어질 토대가 없는 것이다. 그래서 중학교 교재들을 보면 거의 100% 문제집 기반의 책들로 도배가 되어 있다. 이들 문제집을 열심히 반복해서 풀면 학교시험도 거의 만점을 받을 수 있다(아주 예외적으로 이상하게 출제하는 학교가 아니라면).

그러나 고등학교 과정에서는 기본서와 문제집이 엄격히 구분되고 그 영역의 융합을 시도한 책들도 선보이고 있다. 어쨌거나 책이 이렇게 나온다는 것은 공부의 성격도 뭔가 바뀌어야 한다는 말로 풀이된다. 문제집을 달달 풀던 중학 수학에서 벗어나 개념을 이해하고 고민하고 받아들이는 연습이 필요한 것은 자명하다. 중학교 때와는 비교도 할 수 없을 만큼 많은 양의 개념을 배우며, 배우는 속도도 빨라지고, 개념의 깊이도 깊다. 또 문제 유형도 워낙 다양해서 문제집 몇 권을 푼다고 결론이 나지 않는다. 여기서 기본기를 닦는 파트가 바로 개념의 정확한 이해다. 그래야 그것을 꺼내서 도출하고 문제에 적용하고 답을 구하는 과정이 시작될 수 있다. 이것이 바로 개념이해가 범인으로 지목되는 이유다. 일면 타당하고 많은 학생들이 이에 해당되기도 한다.

　결론적으로 개념의 이해가 범인이기는 하지만 개념이해만 범인은 아니다. 앞서 말한 이해-사고-정리-암기-문제해결이라는 다섯 가지 능력이 조화되어야만 수학을 정말 잘할 수 있다. 고2가 되었는데도 수학에 자신이 없고 감이 없다고 느낀다면 이해-사고-정리-암기-문제해결의 과정 중에 어디가 문제인지 먼저 찾아보자.

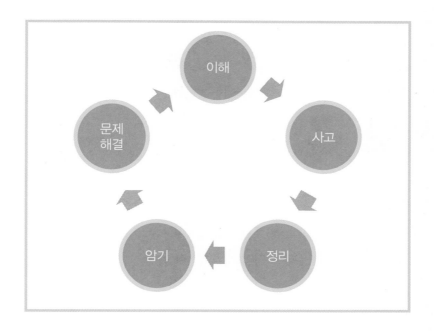

그럼 개념이해는 무엇이고 어떻게 하는 것일까? 수학책이나 과학책을 보면 개념이라는 결론이 있는 것이 아니다. 뭔가 열심히 설명을 하고 있다. 그런 결과에 도달하는 과정에 대한 설명이다. 이 설명을 여러분은 얼마나 혼자서 읽고 받아들이고 있는가? 아마 읽기 귀찮아서 강의 때 설명을 듣고 넘어가는 경우가 많았을 것이다. 특히 수학의 경우 수학공식만 외웠지 정작 그 설명 안에 담긴 수학적 사고의 전개과정이나 약속들에 대해 깊이 있게 고민해 보지 않았을 것이다. 어린 시절에 만물에 가졌던 관심과 궁금증은 수년간의 학교 교육 과정 속에서 사라지고 대범하게 모든 내용을 외우고 받아들이

는 배짱이 생겼다고나 할까. 아니면 읽고 이해하는 과정이 귀찮고 숙제하기 바빠서 문제 풀기만 반복했을 수도 있다. 이유야 어쨌건 개념에 대한 설명을 읽고 받아들이는 과정이 바로 '개념이해'라고 보면 된다.

예를 들어 삼각함수의 극한을 설명할 때 그 기본이 되는 x를 0으로 보낼 때 sin x / x의 극한값이 1이 되는 것을 증명하는 과정이 설명되어 있다고 치자. 다음과 같다. 여러분은 이걸 배울 때 어떻게 공부했는가. 이것을 읽고 이해하고 공부하고 책을 보지 않고 백지에 증명할 수 있도록 공부하는 것이 개념이해다.

거의 모든 삼각함수 극한의 기본이 되는 $\lim\limits_{x \to 0} \frac{\sin x}{x}$ 의 극한값을 구해보도록 하자. 그림의 도형을 살펴보면 $\overline{OA} = \overline{OB} = 1$ 이고 $\angle AOB = x$ (단, $0 < x < \frac{\pi}{2}$)이다. 그리고 $\overset{\frown}{AB}$ 의 길이가 x인 원호이다

$\triangle OAB$의 넓이 $<$ 부채꼴 OAB의 넓이 $<$ $\triangle OAC$넓이
각각의 넓이를 구하여 부등식을 정리하면

$$\sin x < x < \tan x$$

$0 < x < \frac{\pi}{2}$ 에서 $\sin x > 0$ 이므로 이 부등식에 역수를 취하고 $\sin x$를 곱하면

$$\frac{1}{\sin x} > \frac{1}{x} > \frac{\cos x}{\sin x}, \quad 1 > \frac{\sin x}{x} > \cos x$$

각 변에 $x \to +0$의 극한을 취해주면 다음을 얻는다

$$1 > \lim_{x \to +0} \frac{\sin x}{x} > 1 \quad \therefore \lim_{x \to +0} \frac{\sin x}{x} = 1 \qquad (\because \lim_{x \to +0} \cos x = 1)$$

한편 $f(x) = \frac{\sin x}{x}$ 로 놓으면 $f(-x) = f(x)$, 이므로,

$$\lim_{x \to -0} f(x) = \lim_{x \to +0} f(x) = 1 \text{ 이다.}$$

$t = -x$ 로 둘때 $\lim_{x \to -0} \frac{\sin x}{x} = \lim_{t \to +0} \frac{\sin(-t)}{-t} = \lim_{t \to +0} \frac{-\sin t}{-t}$

$$= \lim_{t \to +0} \frac{\sin t}{t} = 1$$

$\therefore \lim_{x \to -0} \frac{\sin x}{x} = 1$ 이다. 좌극한 우극한이 각각
존재하고 두값이 같으므로

$$\therefore \lim_{x \to 0} \frac{\sin x}{x} = 1 \text{ 이된다.}$$

개념이해라는 말은 수학이나 과학뿐만 아니라 사회에도 적용된다. 어떤 현상이나 사실이 왜 그런지, 제도의 도입 배경, 그래프의 해석, 용어의 의미 등등에 대한 탐구가 정확하게 내용을 파악하도록 도와준다는 차원에서 사회에서도 개념이해가 중요하다.

그런데 이러한 이해는 다음과 같은 특징을 가지고 있다. 사람이 어떤 내용을 이해할 때는 생판 처음 보는 것을 그대로 받아들이는 것이 아니라 기존에 가지고 있던 정보들을 바탕으로 재해석해서 입력한다. 따라서 기존 정보를 많이 가진 사람일수록 이해가 쉽고 빠를 수밖에 없다. 독서를 많이 한 학생이 이해력이 높다는 것은 주지의 사실이다. 독서를 통한 간접경험으로 늘어난 정보를 바탕으로 하니 이해가 쉬울 수밖에 없다.

그리고 이해가 잘된 정보일수록 암기하기가 쉽다. 원리를 알면 당연히 쉽게 외워질 수밖에 없다. 이렇게 암기된 사실들은 새로운 정보의 토대가 되어 더욱 이해가 잘되도록 돕는다. 즉 선순환이 일어나는 것이다.

반대로 자신이 가진 정보의 양이 적으면 이해가 잘 안 되고 이해가 안 된 정보를 암기하려면 그 자체를 생으로 외워야 한다. 당연히 잘 안 외워지고 막무가내식 암기가 될 수밖에 없다. 잘 안 외워지니 정보량이 늘지 않고 새로운 사실은 계속 이해가 잘 안 될 수밖에 없다. 즉 악순환이 일어난다.

이처럼 정보를 이해하고 암기하는 과정은 빈익빈부익부 현상이 일어난다. 상위권은 계속 더 쉽고 효율적으로 공부하고, 하위권은 더 어렵고 비효율적으로 공부할 수밖에 없다. 같은 시간을 공부해도 효과와 성적이 다른 데에는 이런 보이지 않는 비밀이 숨겨져 있다. 하위권이 공부를 안 해서라고만 할 것이 아니라 실제로 하위권 학생들에게 공부는 하기가 더 어려운 셈이다. 결국 열심히 공부해서 상위권의 정보량에 접근하려고 힘쓸수록 공부는 이해하기 더 쉬워진다는 말이다.

고2가 되면 이제 어느 정도 진도도 나갔고 고등학교 공부도 경험해 본 상태이므로 이해의 의미가 더 크게 다가올 것이다. 암기에 찌들었던 나의 수학, 과학, 사회 공부를 되돌아보고 이해를 통해 효과와 효율을 높일 수 없을지 고민해 보자. 특히 고3이 되기 전 마지막 기회라고 생각하고 말이다.

열심히 생각하라

능동적 사고 연습

이해 다음으로 해야 하는 것이 사고다. 이해가 받아들이는 과정이라면 사고는 꺼내 써보는 연습이다. 고2 학습에서 이런 사고 연습은 필수적이다. 진도가 일정 수준 이상 나갔다는 것도 이유이고, 고등학교 학습의 차이를 실감했다는 점에서 그 필요성을 인지했기 때문이기도 하다. 다시 말해 고등학교에 와보니 예전처럼 공부해서는 성적이 나오지 않았고, 어느 정도 배운 것도 있어서 이제 비로소 공부에서 사고가 얼마나 중요한지 알았고, 어떻게 하는 것인지 궁금해졌을 법하다는 말이다.

수학 · 과학 · 사회를 예로 들어보자.

수학에서 사고란 이런 것이다. 고등학교 수학에서 자주 만나는 대표적인 유형이 '최대, 최소를 구하라' 스타일의 문제다. 학생들은 문제가 나올 때마다 그때그때 풀어 보고 넘어가지만 사실 수학을 배워 보면 다음과 같이 다양한 최대, 최소 구하는 방법들이 있다.

_ 다항함수의 최대소

_ 다항식에서 판별식을 활용하는 방법

_ 대칭형 문제

_ 절대부등식을 활용하는 문제(산술 기하나 코쉬슈바르츠 부등식 따위)

_ 부등식의 영역을 이용하는 방법

_ 미분을 이용하는 방법

_ 코사인 제2법칙을 활용하는 방법 등이다.

하나하나를 배우고 익히는 과정을 이해라고 생각하자. 사고는 그 이해한 바를 꺼내서 설명하는 과정이다. 과연 여러분은 여기 적힌 내용들을 정확히 알고 있는가? 백지에 쓸 수 있는가? 쓸 수 있다면 여러분은 사고가 가능하다. 쓸 수 없다면 이해는 되었을지 모르지만 사고는 안 되는 상태다.

세상에는 두 가지 종류의 지식이 있다. 내가 알고 있다는 느낌만 있는 지식과 내가 정말 알고 설명할 수 있는 지식이 바로 그것이다.

전자는 엄밀하게 말하면 아는 것이 아니다. 후자야말로 진짜 지식이다. 사고란 이런 진짜 지식으로 가기 위한 노력이다. 오늘 공부한 내용을 노트에 써보고 동생이나 엄마에게 설명해 보라. 그 설명하는 과정 또는 적는 과정에서 공부한 내용들이 얼마나 힘차게 출력되는가를 보면 오늘 공부의 완성도를 가늠할 수 있다. 능동적 사고 연습이란 바로 이런 출력 과정을 의미한다. 그리고 이런 노력이 있어야 진짜 지식이 내 것으로 자리 잡는다. 만약 위에 있는 내용들을 배웠음에도 불구하고 출력이 안 된다면 고2 방학기간을 이용해서 반드시 보충해야 한다. 제발 문제만 풀지 말라는 얘기다.

과학에서 사고란 이런 것이다. 물리에서 사고는 물리적 개념을 설명하고 수리적 해석을 유도해 낼 수 있는지를 보면 사고가 가능한지 확인할 수 있다. 설명은 못하고 문제만 어쭙잖게 풀고 있다면 물리를 선택하지 말든지, 남은 기간 안에 이런 식으로 공부 방법을 바꿔야 한다. 생물에서는 지식들을 단편적으로 암기하지 말고 그 전체를 종합해서 구조화하여 말할 수 있는지 점검해 보자. 특히 실험의 경우 원인과 결과 사이의 인과관계 또는 실험 과정이나 목적 등을 말할 수 있는지 점검해 보자. 책을 보지 않고 그래프를 그려 가면서 그 의미를 설명할 수 있는지 점검해 보자. 이런 노력들이 모두 과학에서의 사고를 가능하게 한다.

사회의 경우 사회현상이 왜 그런지 따져 보고 그럴 수밖에 없는 이유를 말할 수 있다면 사고가 가능하다. 역사책에 늘 나오는 왕권 강화라는 단어의 진짜 의미를 살피고 왜 왕권이 강화되어야 하는지 원인과 왕권 강화 이후의 현상들인 결과를 분석하는 노력이야말로 진짜 사회공부이다. 역사적 제도나 결정들이 이루어진 전후관계를 알고 말할 수 있으며, 각종 용어의 의미를 설명할 수 있는지 점검해 보자. 이런 모든 노력이 여러분의 사고 연습이자 고등학교 공부에서 요구되는 개념이해의 완성을 가져다줄 것이다.

전 범위 시험에
대비하라

고3 시험 준비

 고3이 되면 이제 범위 따위는 없다. 그냥 다 봐야
한다. 벼락치기는 종말을 고해야 한다. 범위가 없
으니까 도리어 마음이 홀가분한 구석도 있다.

범위가 적은 시험과 범위가 없는 시험은 사실 전혀 다른 시험이
라고 봐야 한다. 적은 범위의 시험은 누가 더 디테일에 강하느냐, 누
가 더 모든 내용을 숙지했느냐의 싸움이다. 더 중요하고 덜 중요하고
따질 것도 없다. 그러니 핵심 파악도 필요 없고 그냥 모두 공부해서
머릿속에 집어넣으면 된다. 특히 앞뒤를 연결할 필요가 없기 때문에
이해나 사고보다는 정리, 암기, 문제해결이 더 중요한 시험이다.

그러나 범위가 없는 시험에서는 핵심을 볼 줄 알아야 득점과 연
결할 수 있다. 디테일보다는 굵직한 내용들, 즉 누가 봐도 중요하게

생각할 내용들을 정확히 알고 답하는 능력이 필요하다. 또 앞뒤를 연결한 문제가 출제될 수 있기 때문에 내용 자체에 대한 깊은 이해와 사고의 과정을 요구한다. 여기서 끝나지 않는다. 아무리 잘 알고 있어도 이를 정리해서 구조화하지 않으면 시험 때 반응 속도가 떨어진다. 앞서 말한 내용을 다시 예로 들면, '최대 혹은 최소를 구하라' 라는 문제가 수학에서 출제되었을 때 다음의 일곱 가지를 떠올리고, 그중에서 재빨리 선택할 수 있으려면 우선 이 일곱 가지를 정리해 둬야 할 것이다.

_ 다항함수의 최대소
_ 다항식에서 판별식을 활용하는 방법
_ 대칭형 문제
_ 절대부등식을 활용하는 문제(산술 기하나 코쉬슈바르츠 부등식 따위)
_ 부등식의 영역을 이용하는 방법
_ 미분을 이용하는 방법
_ 코사인 제2법칙을 활용하는 방법

고2 중에 과연 위에 있는 내용처럼 최대소를 구하는 방법을 정리하고 구조화 해본 경험이 있는 학생이 얼마나 될지 의문이다. 갑자기 고3이 돼서 부랴부랴 이런 정리를 하는 것도 안 하는 것보다는 낫다.

하지만 고2 때부터 한다면 고3이 된 미래의 나에 대한 배려가 될 것이다.

정리는 수학보다 탐구영역에서 더 중요하다. 사회나 과학은 배울수록 내용이 적층되고 분량이 많아져서 다 배우고 나면 상당한 분량을 자랑한다. 고3이 되기 전에 한 권으로 단권화가 안 되어 있으면 결국 처음부터 다시 공부하는 불상사를 맞게 된다. 즉 공부를 할수록 확장하는 것이 아니라 압축하는 것이 이 과목들에는 더 맞는 전략이다. 사회 과목들은 교과서 위주 혹은 자습서 위주로 과목별 특성을 고려해서 한 권에 압축 정리하는 것이 좋다. 과학 과목들은 모두 자습서나 다른 기본서에 한 권으로 압축 정리해야 한다. 오답 문제들조차도 이 기본이 되는 책에 붙여서 한 권으로 모든 내용을 압축해야 한다.

수능시험장에 산더미만한 가방을 짊어지고 가는 학생을 흔히 볼 수 있는데 이 경우 수능대박을 기대하기 어렵다. 이런 경우 공부한 내용이 아직 정리가 덜 된 것으로 보면 된다. 탐구영역은 적어도 과목별로 한 권의 책을 넘어서는 안 된다. 그 책 안에 나의 땀과 눈물과 노력이 집적될 정도로 정리해야만 합격이다.

고2가 지나기 전에 수학/과학/사회 계열 과목은 반드시 정리를 시작하자. 고3 때 정리된 것을 반복하기 시작하는 사람과 그제야 정리하기 시작하는 사람은 수능이 끝난 후 완전히 다른 곳에 가 있을 것이다.

암기법과 오답 노트에 핵심 비법이 있다

2가지 암기법

암기는 두 가지 종류의 방향성이 가능하다. 암기 대상을 찾아가서 외우는 방향과 나를 기준으로 암기 대상이 다가오게 하는 방향이다. 전자는 단순암기 혹은 억지 내지 막무가내식 암기로 보면 된다. 후자는 이해를 바탕으로 한 암기 또는 암기되도록 하는 방식이다. 내용이 왜 그런지 따져 보지 않고 외우기만 하면 당장은 빨리 외우는 느낌이 들고 진도도 빨리 나가므로 보통 후자보다는 전자를 많이 선택한다. 그러나 쉽게 번 돈은 쉽게 쓰는 것처럼 빨리 무작정 외운 지식은 금방 까먹게 된다. 반대로 시간이 좀 걸리고 귀찮기는 해도 이해를 바탕으로 암기를 하면 시간이 지나도 기억이 잘 난다. 조금 돌아가는 듯 느껴지더라도 암기를 위한 기반을 잘 닦아야 한다.

수학에서의 암기

수학에서는 단순히 공식을 외우는 단계를 넘어서 풀이 과정에 대한 숙지가 진짜 암기다. 풀이 과정의 암기란 수학 문제들을 보고 그유형을 파악하고 나면 그 다음엔 풀이 과정이 전개되는데 그 전개 과정을 암기 수준으로 머릿속에 집어넣는 것을 의미한다. 문제를 많이 푸는 노력도 사실은 이런 풀이 과정의 숙지나 풀이 아이디어의 빠른 도출을 위한 것이다. 일단 어떻게 풀어야 할지 생각이 나면 그 다음 풀이 과정은 한 치의 고민도 없이 물 흐르듯 자연스럽게 전개되어야 한다. 여기서 막히거나 오류가 발생한다면 수학에서의 암기가 덜 된 상태라고 생각하면 된다.

이 능력을 기르려면 문제 하나하나를 풀 때 과정과 과정 사이에 왜 그렇게 전개되는지를 이해하면서 마음속에 새겨야 한다. 마음이 급하다고 그냥 막무가내로 풀이 과정을 외우면 당연히 금방 까먹고 비슷한 문제가 나왔을 때 못 푸는 현상을 겪는다.

단, 예외는 있다. 만약 여러분 중에 하위권인 친구가 있다면 당장은 풀이 과정을 외우는 과정이 필요하다. 왜냐하면 당장은 그 과정의 전개를 정확히 이해하기엔 기반이 부족할 수 있다. 이런 경우엔 시간 대비 능률이 떨어진다. 따라서 우선은 암기하고 과정을 숙지한 다음 나중에 실력이 붙으면 그때 이유를 따져서 수학 문제를 고민해 보는 것이 좋다.

특히 풀이 노트, 작성을 잘하면 수학실력이 오른다. 풀이 노트 작성의 특이점은 반으로 접어서 왼편은 풀이에 쓰고, 오른편은 틀린 문제에서 요구했던 개념을 적어 보는 훈련을 하는 것이다. 이처럼 개념 이해를 몰아서 하지 말고 평소에 문제를 풀 때도 병행하면 시간도 절약하고 효과도 향상시키는 일석이조의 효과를 누릴 수 있다.

오답 노트의 경우 3가지 섹션으로 구분된다. 첫 번째는 문제를 써 보는 것인데 문제를 단순히 옮겨 적는다는 의미가 아니라 문제를 해석하면서 써봄으로써 문제가 이렇게 흘러가면 어떤 개념을 이용해서 푸는구나 하는 감각을 연습하기 위함이다. 특히 하위권이나 중위권 학생들에겐 무척 효과적인 훈련 방법이다.

두 번째는 나의 풀이와 해설 풀이를 비교해서 적는 란이다. 나의 풀이는 당연히 적는 것이지만 해설 풀이는 왜 다시 적는지 의문이 들 것이다. 해설 풀이는 풀이를 그대로 옮겨 적는 것을 의미하는 것이 아니다. 상위권은 해설 풀이를 핵심 과정 위주로 압축해서 적어 보는 훈련을 한다. 중위권은 해설 풀이의 행간의 의미를 자기가 이해한 대로 주석을 달면서 적어 본다. 하위권은 해설 풀이를 그대로 옮겨 적으면서 암기 수준으로 반복 훈련해야 한다.

마지막 세 번째는 내가 틀린 이유라든가 해설, 나의 풀이의 차이점 등을 적어 본다. 개념이해가 부족했는지, 아이디어의 발상을 못해냈는지, 적용 과정에서 풀이 과정에 실수가 있었는지, 마지막 계산 과정에서 오류가 있었는지 점검하는 것이다.

사회에서의 암기

사회에서의 암기는 이해를 먼저 하고 내용을 암기하는 것인데 여기서도 사실 당장의 실력이나 성적에 따라 학생마다 차이가 있다. 만약 이해를 하고 싶어도 왜 그런지 알 수 없는 학생은 우선 내용 자체를 받아들이거나 암기하는 과정이 선행되어야 한다. 뭔가 기반이 되는 정보들을 가지고 있어야 이해를 할 바탕이 형성된다. 그러고 나서 어느 정도 내용의 숙지가 이뤄지면 그때 비로소 여러 사회현상의 원인을 따져보거나, 용어의 의미를 찾아보거나, 제도의 도입 취지를 알아보거나, 그래프 또는 표의 의미를 해석해 보는 노력을 하면, 무작정 외울 때보다 훨씬 앞뒤가 잘 연결되고 핵심이 눈에 보이고 효과적으로 암기할 수 있다.

과학에서의 암기

과학에서는 물리와 여타의 과목이 현격히 분리되는데, 물리는 수치적 해석 과정을 이해하고 풀이 과정을 암기한다는 측면에서 수학과 닮았다. 나머지 과목들은 현상을 이해하고 인과관계를 풀어 나간다는 점에서 사회와 닮아 있다. 따라서 수학처럼 풀이 과정을 물 흐르듯 써 내려가려면 다양한 물리의 수치해석 문제들을 풀어 보면서 그 과정 하나하나를 음미해야 한다. 사회를 공부하듯 현상 하나하나를 따져 보고 이해하려고 애쓴다면 생물, 지학, 화학도 훨씬 잘 암기할 수 있다.

과목별 문제풀이 비법을 독파하라

문제해결능력

과학적 문제해결능력

중학교 여학생들의 과학 공부에 대한 말 못할 고민이 바로 전기 회로 계산 문제다. 전압, 전류, 저항값에 관한 간단한 수치적 이해가 필요한 내용인데 굉장히 어려워하는 학생들이 많다. 안타깝게도 이런 경우라면 문과로 진학하는 편이 본인에게 유리할 것이다. 그만큼 고등학교 공부에서 특히 과학 중 물리 공부에서 수치해석 능력은 거의 전부라고 봐도 좋을 정도로 중요하다. 다만 이런 고민에서 벗어나고자 한다면 다음의 내용을 잘 읽어 보자.

보통 수학 시간에 개념이해의 중요성을 귀에 못이 박히도록 들은 학생들은 정작 수학에서는 실천하지 않고 엉뚱하게 과학 공부에서 실천하고야 만다. 개념이 잘 이해가 안 된 학생들은 문제를 풀지 않고 내용만 붙잡고 낑낑댄다. 그러다가 시간은 흐르고 시험이 다가오면 급하게 문제를 조금 풀어 보고 과학시험을 본다. 이것이 과학에서 특히 수치해석(공식) 형태의 문제에 두려움이 생기는 원인이다.

과학은 수학과 다르다. 수학이 수학 그 자체를 묻는 것임에 반해 과학에서의 수치해석은 도구에 불과하다. 따라서 수학이 개념이해 우선과 문제풀이라는 원칙이 적용되는 것과 달리 과학은 문제풀이를 하는 중에 개념이 더 잘 이해되는 속성을 지닌다. 따라서 과학은 개념이 잘 이해되지 않을 때 낑낑대고 있지 말고 문제를 풀어 보면서 이해하려고 애써야 한다.

즉, 실제 현상에 수치해석을 적용해 봄으로써 이해를 유도하는 것이 과학이다. 문제를 너무 늦게 풀면 충분한 양을 풀 수 없고 조금 풀면 감이 생기지 않으므로 과학이야말로 빨리 많이 풀어 보는 것이 상책이다.

수학적 문제해결능력

수학에서 문제해결능력이란 ① 이해 + 사고 + 정리된 내용을 바탕으로 문제를 만났을 때 ② 빛의 속도로 번지수를 찾는 주소 찾아가기 능력 + ③ 암기된 내용을 바탕으로 풀이 과정을 전개해 나가는 능력의 최종 결과물이다. ①번이 바로 개념이해이고 ②번이 발상의 과정이며 ③번이 문제에의 적용이다. 이 세 가지가 조화될 때 우리는 수학에 있어서 경지에 올랐다고 볼 수 있다. ①번을 강화하기 위해 개념이해를 열심히 하는 것이요, ②번을 강화하기 위해 발상 훈련을 반복해야 한다. 발상 훈련은 문제를 보고 풀이 과정은 빼고 풀이 아이디어만 발상해 보는 연습이다. 30문제면 30문제 세트 전체를 아이디어만 잡아 보는 훈련인데 매우 큰 효과를 볼 수 있다. ③번을 강화하기 위해서 우리가 하는 것이 바로 문제를 많이 풀어 보는 것이다. 만약 여러분이 문제만 풀고 있다면 ③번만 강화하는 것이다. ①, ② 번의 강화 없이는 결론이 나지 않는 공부법이다.

즉, 최대 최소 문제가 나오면

_ 다항함수의 최대소
_ 다항식에서 판별식을 활용하는 방법
_ 대칭형 문제
_ 절대부등식을 활용하는 문제(산술 기하나 코쉬슈바르츠 부등식 따위)
_ 부등식의 영역을 이용하는 방법
_ 미분을 이용하는 방법
_ 코사인 제2법칙을 활용하는 방법

이 7가지가 머릿속에 자리 잡고 있는 것이 1단계, 그중에서 어느 것을 쓰는 문제인지 찾아내는 2단계, 그리고 번지수를 찾았다면 지체 없이 풀이 과정을 전개하는 3단계의 과정이 다양한 문제풀이의 경험 속에서 생성되는 것이 바로 문제해결능력이다. 또한 두 개 이상의 개념이 복합된 문제에서 개념을 조합하는 문제해결능력 역시 이해 + 사고 + 정리의 힘에서 나온다고 볼 수 있다. 따라서 이해, 사고, 정리를 충분히 했다면 비로소 암기와 문제해결력 향상을 위해서 진정한 의미의 문제풀이를 시작해야 한다.

학생들이 고등학교 수학 공부에서 범하는 실수는 이런 단계가 되기도 전에 문제풀이에 나선다는 점이다. 누구나 마음이 급하므로 중학교 때 먹혔던 방법대로 한다. 고등학교에 와서 수학 성적이 마음 같이 나오지 않으면 더욱 깊은 수렁 즉, 이해 없는 풀이 과정 암기나 모의고사 문제집의 풀이 혹은 문제집 달달 공부로 더더욱 빠져 들어간다.

그래서는 절대 답이 안 나온다. 힘들고 어렵더라도 이해-사고-정리-암기의 과정을 충분히 한 다음 문제풀이에 나선다면 반드시 고등학교 수학에도 변화가 찾아온다.

특히 고2들은 이제 곧 고3이라는 불안감에 손쉽게 모의고사 문제집 섬멸 작전에 나서는데, 그게 망하는 지름길이란 것을 잊지 말자. 급하더라도 돌아가라는 말처럼 고2일수록 그간의 잘못된 수학 공부를 중지하자. 개념이해와 개념출력(사고), 개념 구조화해서 정리하기,

풀이 과정 암기를 위해 문제 하나하나 공을 들여 과정마다 주석 달아 보기, 문제 풀기 전에 아이디어만 찾아보기 훈련 등을 통해 고2 말에 비로소 문제 확장에 들어가야 한다. 문제 확장에 들어가면 가차 없이 엄청난 문제풀이량을 확보해야 한다. 그래도 절대 늦지 않으며 고3 이 되면 현격한 차이로 문제달달족을 무찌를 수 있다.

사회적 문제해결능력

사회에서 문제풀이는 바다의 등대와 같은 존재다. 망망대해에서 길을 찾아 올바른 방향으로 가도록 돕는 등대를 잃고 사회의 드넓은 바다에서 허우적대지 않으려면 문제를 잘 활용해야 한다. 중학교 때 와 달리 고등학교 특히 고2~3으로 가는 시점에서 사회는 막대한 분 량 탓에 큰 부담이 된다. 따라서 모든 내용을 다 이해하고 암기할 수 없다면 그중에 핵심을 파악하면서 정리하고 압축해야 한다. 이때 가 장 활용하기 좋은 방법이 바로 문제풀이다.

과학과 마찬가지로 사회에서도 문제풀이는 빠를수록 좋다. 수학 과는 반대다. 일정 수준 이상 내용을 읽고 이해했다면 암기하기 전에 문제를 풀어 보기를 추천한다. 그러면 풀이 과정에서 핵심을 발견하 는 눈이 생긴다. 답을 고르지는 못할지언정 어떤 문제가 어떤 식으로 나오는지 감을 잡으면 그것이 곧 사회에서의 핵심이다.

그러나 현실에서 학생들은 엉뚱하게도 사회 교과서에 있는 내용을 달달 암기하느라 허우적대고 있다. 내용을 다 외우기 전까지 문제집은 쳐다보지 않는다. 그러나 이렇게 하면 뭐가 중요하고 안 중요한지 감이 없는 채로 모든 내용을 다 읽고 외워야 한다. 그러니 핵심에서 빗겨난 내용에 빠져서 헤매게 되고 시간 낭비, 노력 낭비가 심해진다. 그냥 달달 외우는 것이 더 효과적이었던 중학교 때 방법대로 고등학교에서도 똑같이 하고 있는 것이다. 이제 그런 방법은 그만두고 문제집을 활용하자. 요령껏 할 수 있는 길이 있는데 일부러 무식한 방법을 이용할 필요는 없다.

특히 사회 문제집은 많이 풀수록 좋다. 공부한 내용을 다지고 제대로 공부하지 않은 부분을 찾는 데 문제집 풀이보다 효과적인 방법은 없다. 다시 한 번 강조하지만 운전면허 필기시험과 사법시험은 공부법이 다르다는 점을 명심하자.

사회를 공부하는 순서를 정리하면 다음 그림과 같다. 우선 책을 2회 정도 통독한다. 이때는 암기할 필요까지는 없다. 2단계로 문제집을 살짝 풀어 본다. 그러면 문제를 정확하게 풀지는 못해도 무엇이

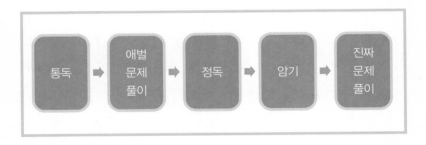

통독 → 애벌 문제 풀이 → 정독 → 암기 → 진짜 문제 풀이

핵심이고 아닌지 감이 잡힌다. 3단계로 이제 정확히 정독을 한다. 4단계는 핵심을 찾아 외워 준다. 마지막 5단계는 제대로 문제집을 풀어 본다. 보통 1, 2단계 없이 3, 4, 5단계를 하기 때문에 사회가 어려워진다고 보면 거의 맞다.

Part **5**

고2의 1년
마스터플랜

오늘 공부는 과연 성공적으로 치렀는가. 더 배울 것은 없었는가.
더 잘할 수는 없었는가. 게으름을 피운 일은 없었는가.
– 피타고라스

선행학습의 압박을 이겨 내야 한다

고1의 겨울방학

핵심 학습 전략

과목	해야 할 공부
수 학	문 · 이과 공통 수1 선행 + 상/하 심화
영 어	문법 완성 + 단어 암기 + 독해집 풀이(시간 정해 독해) + 듣기 훈련(받아쓰기) : 앞에 있는 것일수록 중요도 높음
국 어	문학작품 예습(너무 심하지 않은 수준)
사회/과학	국 · 영 · 수 완성도가 높은 학생이 아니라면 일단 생략

고1 겨울방학 선행학습의 압박이 본격적으로 펼쳐진다. 고1 학기 중이나 여름방학은 상대적으로 혼자 공부할 수 있는 시간이 부족하거나 기간적으로 짧다는 약점이 있다. 반면 겨울방학은 본격적으로 시간도 많이 주어지고 기간도 긴 편이다. 이 시기에 표준적으로 해야

하는 가장 중요한 공부는 아무래도 수학 선행학습이다. 문과라면 2학년이 되기 전에 수1까지 진도를 한 번 끝낼 수도 있는 기회다. 미적분은 고2에 가서 끝내면 된다. 이과라면 2학년 여름까지를 목표로 잡고 본격적인 수학 사냥에 나서야 한다.

이과 수학의 진도는 수학(상) → 수학(하) → 수학1 → 수학2 → 미적분과 통계 → 기하와 벡터로 이어진다. 여기서 조심할 점은 고1 동안에 수학 상·하에 대해서 좀 더 다지는 기회가 반드시 필요하다는 점이다. 물론 수1까지 진도는 나가야 한다. 따라서 겨울방학의 가장 중요한 핵심 과제는 상·하 다지기 + 수1 완성이라고 보면 딱 좋다.

고등학교 수학 상·하는 이과든 문과든 아주 기초가 되는 부분이다. 중학교 때와 별반 다를 바 없는 기호들이 나와 적응이 쉬운 반면 문제가 난해한 경우가 많고, 특히 수능 범위인 나머지 부분들의 기반이 된다. 따라서 설사 직접 출제 범위가 아닐지라도(출제 범위가 아니라고 애써서 제쳐 두고 공부하는 학생은 절대 조심하라고 말해 주고 싶다) 상·하를 가급적이면 심화까지 하는 것이 좋다. 수1만을 어쭙잖게 훑느라 시간을 쓴다든가 수2까지 욕심내는 경우도 많은데 별로 추천하고 싶지 않은 방식이다.

수1은 드디어 고교 수학 특유의 새로운 기호나 개념들이 시작된다. 물론 수2 이후의 내용들에 비하면 비교적 무난한 내용들이다(문과 학생들의 느낌으로는 수열급수가 제일 난해하다고 한다). 선행학습을 할 때는 진도에 욕심이 나더라도 반드시 개념 부분을 확실히 다지면서 공부하기를 거듭 당부한다. 문·이과 막론하고 여기까지가 일단 가장 표준적이면서 너무 느리지도 않은 진도다. 이것을 기준으로 실력이 더 되는 친구들은 조금 빨리, 덜 되는 친구들은 약간 천천히 진도를 나가면 된다.

고1 겨울방학이라면 영어는 문법의 완성이 가장 중요하다. 가끔 문법이 별로 중요치 않다고 말하는 공부법 강사가 있는데 정확하게 표현하자면 문법을 위한 문법만 중요하지 않다. 여전히 독해에 필요한 문법이나 중요한 어법 사항들은 매우 필수적으로 공부해야 한다. 그런데 영어에서 독해나 단어 암기와 달리 문법은 단순히 시간을 들인다고 해서 실력이 무조건 쌓이지 않는다. 또 기반 실력이 쌓일 때까지 시간이 많이 든다는 특징이 있다. 그래서 사실 중학교 때 많이 해두는 것이 정답이며, 만약 완벽하지 않은 채로 고1 겨울방학까지 맞이했다면 이제 마지노선까지 왔다고 봐야 한다. 겨울방학을 넘기지 말고 완전히 복습을 해야 한다. 단어 암기나 독해가 급하더라도 문법 완성 없이는 모래성에 불과하다. 고3인데 영어가 완전 포기상태라면 단어를 외우고 독해집을 푸는 방식으로 대처하는 것이 맞겠지만 아직 고1 겨울이면 기회는 있다. 독해는 가급적이면 직독직해에 머무르지 말고 문제풀이 개수와 시간을 시험처럼 정해 놓고 푸는 '시간 정해 독해'를 연습하도록 하자. 그래야 독해 실력도 늘고 문제도 많이 풀어 볼 수 있다. 듣기는 받아쓰기 연습이 최고의 방법임을 다시 한 번 강조한다. 어설프게 문제만 풀어서는 절대 실력이 늘지 않는다.

국어는 본격적으로 문학을 많이 배우게 될 예정이므로 겨울방학에는 영수 위주로 하되 문학작품을 분석하고 배경지식을 쌓는 훈련은 해볼 만하다. 주로 시와 소설 위주로 공부를 해두는 것이 여러 모로 쓸모가 많다. 가끔 이 시기에 언어영역 문제집 풀이에 손을 대는 경우가 있는데 섣부른 데다가 효과도 없고 의미도 없다. 문제풀이보다는 기반 확보에 신경 쓸 때이다.

아직은 기본 과목인 국·영·수의 부담이 큰 시기이기 때문에 가급적이면 국·영·수 쪽에 치중하는 편이 낫다. 국·영·수가 완벽한 경우가 아니라면 아직까지는 사회나 과학을 방학 때 보충하고 더 급한 것들에 치중해야 한다. 다만 물리를 선택하려는 학생이라면 어느 정도는 선행학습을 해두는 것도 도움이 된다. 워낙 다른 과목대비 부담이 큰 특성이 있기 때문에 미리 준비를 시작하는 것도 나쁘지 않다. 그러나 확실히 생물, 지학, 화학의 경우는 잠시 미뤄 두기로 하자.

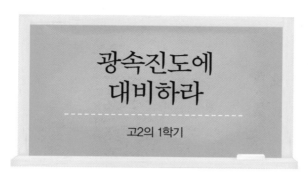

광속진도에
대비하라

고2의 1학기

핵심 학습 전략

과목	해야 할 공부
수 학	이과 : 수2 + 적통 / 문과 : 수1 심화 + 미적
영 어	죽음의 단어 암기 + 독해집 풀이(시간 정해 독해)
국 어	문학 비문학 내신에 집중하되 수능까지 연계된 공부
사회/과학	학교 내신 위주의 내용 공부에 치중

　　고2가 되어 보면 고1 때 진도는 장난에 불과했다는 것을 알 수 있을 것이다. 진정한 광속진도가 시작된다. 학교 입장에서도 고2 후반부를 문제풀이나 다지기로 가져 가려면 고2의 1학기까지 가급적 중요한 진도는 다 끝내 놔야 하기 때문이다. 사실상 고등학교 공부는 3

학기 동안 진도를 나가고 3학기 동안 입시 준비를 한다고 봐도 무방하다.

특히 이과 학생들에게 수학 진도는 고통스러울 정도로 잔인하다. 물론 일반적인 학교에서는 2학기까지 진도를 나가는 경우도 많지만 가급적이면 고2 여름까지 진도를 끝내는 것이 좋고, 그런 면에서 수2와 적분통계를 동시에 뽑아야 한다. 정말 눈썹이 휘날리게 진도를 빼는 시기이다. 문제 확장은 앞으로도 할 기회가 있으니 조바심 내지 말고 내용 공부에 집중하도록 한다. 내용이 탄탄하게 자리 잡으면 문제 확장은 정말 시간 문제에 불과하다.

문과 학생들은 훨씬 수월하게 공부할 수 있다. 물론 새롭게 복귀한 미적분 때문에 부담은 되겠지만 수1 진도를 다 나간 상태라면 심화복습을 하면서 동시에 미적분 진도를 나가면 된다. 학기 중에 내용적으로는 끝내 놔야 여름부터 문제풀이에 들어갈 수 있으므로 바쁘게 공부해야 할 것이다.

영어는 문·이과의 구분 없이 죽음의 단어 암기와 독해집 풀이가 연속되어야 하는 시기다. 특히 지문별로 시간을 정해서 그 시간 안에 독해하고 문제 푸는 연습을 해야 한다. 그래야 실전 훈련이 된다. 문법 공부를 하기에는 다른 이슈들이 많아서 어렵다. 듣기는 방학으로 미룰 수밖에 없다.

국어는 가급적 내신에 집중할 시기다. 문학도 많이 배우고 배경지식 쌓기에도 정신이 없을 시기다. 내신과 수능을 너무 분리해서 생각하지 말고 내신을 높이는 수준으로 공부하면 수능에도 도움이 된다는 마인드로 공부해야 한다. 특히 주어진 정보를 암기하는 수준에서 끝내지 말고, 정보가 주어지기 전에 스스로 사고해 보고 교재와 비교하면서 이해하는 방식으로 내신을 공부해야 수능에도 도움이 된다. 주의할 점은 이 시기에 언어영역 문제집 풀이에 지나치게 많은 시간을 쓰지 말라는 점이다. 아직은 기반을 닦을 시기다.

사실 학기 중에는 기본 과목도 과목이지만 사회/과학 과목을 충실하게 내신 공부를 해두는 것이 고2 말과 고3에 부담을 더는 길이다. 고2의 1학기부터 벌써 탐구영역스럽게 공부할 필요까지는 없고, 기본 내용을 충실히 공부하는 데 힘을 쏟는 것이 좋다. 시험준비 기간에는 사회/과학을 충실히 보충하고, 시험이 끝나 자기 페이스로 공부할 때는 다시 국·영·수 위주로 돌아가는 패턴을 이용하면 된다.

핵심 학습 전략

과목	해야 할 공부
수 학	이과 : 수2 / 적통 복습 + 기벡 문과 : 전체 문제 / 심화 + 취약 단원 내용 복습
영 어	죽음의 단어 암기 + 독해집 풀이(시간 정해 독해) + 듣기(받아쓰기) + 어법 문제풀이
국 어	수능식 언어 문제풀이(양치기)
사회/과학	수능 문제를 풀어 보면서 공부 방향 잡기

이과 수학은 이제 정점을 향해 달린다. 바로 기하와 벡터. 거의 모든 이과 지망생들에게 수학의 좌절감을 주는 무시무시한 파트다. 미적분은 그래도 노력과 시간으로 극복할 여지가 많은 내용인데 비하

여 기하와 벡터는 수학을 공부하는 학생이라면 누구라도 꺼릴 만한 가공할 개념들로 넘쳐난다.

우선 행렬을 배우는 진정한 의미라 할 수 있는 변환이 등장한다. 거기에 이차곡선들이 춤을 추고 마지막으로 공간도형과 벡터가 확인 사살을 한다. 물론 내용 자체가 어려운 측면이 많아서 기본을 잘 갖추면 풀 수 있도록 개념 확인 문제들이 많이 출제된다. 따라서 기본적인 정의나 정리, 공식 등에 대해서 반복하여 개념 확인을 해야 한다. 특히 벡터에서 '정사영'은 무조건 출제되는 단골 메뉴이므로 확실하게 정복하자.

이미 진도가 나간 수2와 적분통계 쪽은 심화를 위한 복습을 해야 한다. 이쪽도 기본 개념을 활용한 문제가 주를 이루므로 틀렸을 때는 문제만 반복해서 풀지 말고, 틀린 문제가 요구하는 개념을 책을 보지 말고 써보는 훈련을 병행해야 한다. 그래야 개념이 자리 잡는 시간을 단축할 수 있다.

수2는 좌표 평면상에서 그래프를 자유자재로 다루는 능력이 매우 필요하다. 가급적 그래프를 고려하면서 공부한다면 효과적일 것이다. 그러나 순열조합확률 부분은 단순하게 개념을 활용하기보다는 응용된 문제가 많다. 다양한 문제를 통해 응용되는 패턴을 발견하는 것이 더 중요한 챕터이므로 개념보다 문제풀이에 많은 시간을 쓰는 것이 좋다.

문과 수학은 이제 굳히기에 들어간다고 보면 된다. 전체 배운 내용을 심화해서 문제풀이하고, 풀면서 발생하는 취약 단원을 내용 복습하는 과정을 진행하면 된다. 특히 문과학생들은 수열 쪽을 어려워하고 약하기도 하므로 이 파트를 반복해서 복습해야 한다.

영어는 방학기간이라는 점을 감안해서 평소에 단어와 독해만 공부했다면 듣기와 어법 문제풀이를 병행해야 한다. 어법은 문제를 풀면서 미처 알지 못했거나 실수하는 부분들을 복습하는 식으로 공부하는 것이 효율적이다. 고2 여름방학에 기본서를 처음부터 다시 공부하겠다고 생각한다면 말리고 싶다.

국어는 이제 수능 식으로 언어영역 문제를 풀어 나가야 할 때다. 그동안 기본기를 다지는 데 시간을 썼다면 방학 때는 문제풀이를 통해 실력을 향상시킬 때다. 이때는 너무 유형을 따지지 말고 다양한 문제를 많이 풀어 보면서 감각을 익히는 데 집중해야 한다. 즉 양으로 승부할 때다. 양치기를 통해 언어 문제는 어떤 식으로 답을 골라야 하는지 감을 익혀 나간다. 그리고 성급하게 기출문제나 EBS까지는 아직 조바심내지 않아도 좋다. 시중의 문제집들을 섭렵하는 데 시간을 써도 기출이나 EBS를 풀 시간은 충분하니 걱정하지 않아도 된다.

사회/과학은 이제 슬슬 수능형 문제를 풀어 보면서 감을 익히는 것도 좋다. 만약 학기 중에 충실히 공부하지 못했다면 내용 공부를 보충해도 늦지 않다. 어느 경우라도 많은 시간을 쓰지는 않기를 조언한다. 아직까지는 그래도 국 · 영 · 수 위주로 공부할 때다.

구멍 막기와
실전을 준비하라

고2의 2학기

핵심 학습 전략

과목	해야 할 공부
수 학	이과 : 수1~기벡 취약 단원 내용 복습 + 죽음의 문제풀이 시작 문과 : 전체 문제 / 심화 + 취약 단원 내용 복습
영 어	죽음의 단어 암기 + 독해집 풀이(시간 정해 독해)
국 어	수능식 언어 문제풀이(취약 유형별 풀이) + 내신 기간엔 내신 충실
사회/과학	내신에 충실한 공부 + 수능식 사·과·탐 공부 병행 시작

이과 수학은 이제부터 시작이라고 봐도 무방하다. 드디어 문제풀이와 복습의 시작이다. 지금까지는 진도 나가랴 문제 풀랴 여유가 없었지만 이제부터는 문제를 풀면서 부족한 개념을 보완하는 방식으로 수학을 공부할 때다. 수1부터 기하와 벡터까지 전 분야를 총복습하

되 선문제풀이 후개념보완 방식이라야 효율적이다. 학기 중이기 때문에 순수하게 개념만 공부하는 시간을 내기는 어렵다. 대략적으로 기반이 잘 되어 있다는 전제로 문제집 4종 세트(예를 들면《개념원리》+《개념플러스유형》+《쎈수학》+《RPM》) 3년 치를 모두 소화해야 한다. EBS나 기출은 이 단계에서는 일단 신경 쓰지 말고 시중 문제집을 섭렵하는 쪽으로 초점을 맞추도록 한다.

문과 수학은 여름까지 했던 공부를 다시 반복한다고 보면 된다. 수1과 미적을 총복습하되 마찬가지로 선문제풀이 후개념보완 방식을 사용한다. 시중 문제집 4종 세트 섭렵을 테마로 잡는다면 충분할 것이다. 마지막 구멍 막기의 기회로 삼고 부족한 부분을 찾아 보완해야 한다.

영어는 이제 단어량 확보에 최우선 노력을 할 때다. 아무리 독해집을 풀고 문법 실력이 있어도 어휘 쪽이 부족하면 빠른 독해가 어렵다. 단어 암기는 가급적 시중의 단어집 암기와 자신만의 단어장 만들기를 병행하면서 상호보완하는 방식으로 진행해야 효과가 높다.

국어는 수능식 언어영역 문제풀이를 지속하되 단지 양만 늘리는 것에서 벗어나 취약한 문제 유형을 찾아내고 보완하는 것이 좋다. 학기 중이기 때문에 언어영역에 많은 시간을 쓸 수 없다면 적은 시간이라도 효율적으로 써야 한다. 그래서 자신의 취약 유형을 공략하는 방법을 쓴다. 잘하는 유형의 문제만 풀기엔 시간이 부족하고 그런 노력은 효과도 없다. 부족한 구멍을 메워야 성적이 오른다는 점을 명심하고 양보다 질에 집중하자.

사회와 과학은 내신에 충실하되 이제는 본격적으로 수능형 문제들을 풀면서 실력을 다져야 한다. 학기 중이라 많은 시간을 쓸 수는 없지만 시험준비 기간뿐만 아니라 평소 공부시기에도 일정 시간을 할애해서 공부해야 할 때가 되었다. 만약 그동안 배운 내용들에 자신이 없다면 내용 정리를 해도 괜찮다. 고3 때 문제를 많이 풀 수 있으므로 지금은 최대한 정리하고 감을 익히는 쪽에 초점을 맞추자.

고3을 계획하고 준비하라

고2의 겨울방학

핵심 학습 전략

과목	해야 할 공부
수 학	이과 : 상/하~기벡 취약 단원 내용 복습 + 죽음의 문제풀이(기출문제, EBS 포함) 문과 : 상/하~수1, 미적 취약 단원 내용 복습 + 죽음의 문제풀이(기출문제, EBS 포함)
영 어	죽음의 단어 암기 + 독해집 풀이(한 번만 읽고 독해)
국 어	수능식 언어 문제풀이(오답 분석 스타일 시작)
사회/과학	전적으로 수능식 사·과·탐 공부

이제 드디어 기다리던 죽음의 문제풀이 시즌 2가 왔다. 기출문제
와 EBS를 시작한다. 그동안 이 둘의 유혹을 참느라 힘들었을 것이
다. 사실 풀어야 할 문제집이 세상에 넘쳐나는데 이 두 가지 문제집

에 왜들 그리 집착하는지 모르겠다. 때가 되면 다 할 것을. 그동안 개념 이해와 문제 확장의 단계를 성실히 수행했다면 이제 드디어 진검승부인 고3 대비를 시작한다. 바로 실전 준비다. 이 단계에서는 문제를 풀 때도 항상 실전처럼 상황을 시뮬레이션해서 풀어야 한다. 문제당 풀이 시간도 정하고 마킹 시간도 빼고 푼 뒤에 나온 결과를 분석하고 보완해야 한다. 평소 하듯이 그냥 열심히 하겠다는 방식은 맞지 않다. 실전 훈련이 아닌 노력은 실전에서 득점과 연결할 수 없다.

문·이과 모두 기존에 공부한 내용을 복습하면서 기출문제와 EBS를 풀되 주의할 점이 있다. 방학이라는 점을 활용해야 한다. 전범위 개념의 재확인 작업이다. 이번엔 상/하부터 끝까지 모든 개념이 포함된다. 고3이 되기 전 개념정리를 할 마지막 기회이므로 겨울방학 때 전 범위를 훑어야 한다. 개념정리는 챕터별로 정의나 정리, 그리고 공식의 유도 및 증명 등을 교재를 보지 않고도 할 수 있는가를 의미한다. 이런 작업을 하면서 동시에 기출과 EBS를 풀어야 한다. 특히 기출문제를 연도별로 풀 것인가, 단원별로 풀 것인가 고민하는 경우가 많은데 고2 겨울방학이라면 아직 실력이 완숙한 단계는 아니므로 연도별로 푸는 것이 큰 의미가 없다. 따라서 단원별로 문제당 시간을 정하고 푸는 편이 낫다. 연도별은 고3 때 다시 기출문제를 음미할 때 해도 좋다.

영어는 늘 하던 작업의 반복인데 이제는 듣기나 어법은 완성되었다고 가정하고 단어 암기와 독해집 풀이만을 계획했다. 그러나 듣기와 어법이 자신 없는 학생이라면 더 늦기 전에 방학을 이용해서 이들 분야의 문제집으로 실력을 보완해야 한다. 특히 독해집을 풀 때는 그동안 시간을 정해서 독해하던 습관에 머물지 말고, 지문을 한 번만 읽고 문제를 푸는 연습을 하면 좋다. 지문을 한 번만 읽어도 영어로 된 정보가 머릿속에 남아 있도록 고도의 집중된 독해 연습을 하면 정답 선별능력도 올라간다. 또한 지문을 빠르게 읽는 기술을 연마하는 것은 헷갈리는 문제를 대비하는 가장 좋은 방법이기도 하다. 그밖에 영어도 EBS나 기출문제를 푸는 것은 도움이 되며, 고2 겨울방학이라도 바로 연도별 풀이가 가능한 과목이다.

국어는 수능식 언어 문제풀이를 하되 보다 발전된 방법을 써야 할 단계다. 이제는 오답을 분석하고 음미하는 훈련을 시작해야 한다. 고3 동안 수많은 문제를 풀어 보려면 고2 겨울방학부터 시작하는 것이 좋다. 문제를 풀되 틀리면 답이 되는 이유를 분석하고 정답과 비교하는 훈련 말이다. 문제를 하나하나 음미하는 과정에서 사고력이 증진되고 실전에서 답을 고르는 기준이 형성된다. 특히 출제자의 의도를 파악하는 데 어려움을 겪는 학생들은 문제 출제의 원칙을 이해할 수 있기 때문에 이런 방식으로 공부하면 매우 효과적이다.

사회와 과학은 이제 전적으로 수능형 공부를 해야 한다. 문제도 많이 풀어 보고 자기가 취약한 곳을 찾아서 복습하는 형태로 내용 공부를 보충해야 한다. 만약 이 시기까지 책 내용이 정리되지 않은 학생이라면 마지막 기회라 생각하고 기본서를 중심으로 단권화를 열심히 해둬야 고3 때 당황하지 않는다.